From the writer and illustrator of "Shark Goes to the Dentist"

Mia Anderson is an author from the North East of England. Before becoming a writer, she was a primary school teacher for more than ten years and taught in many different schools in England as well as abroad. In her spare time, she enjoys cooking, baking and reading as much as possible. Mia still has all her childhood books and enjoys reading them to other children. She believes that a good story never goes out of style.

This was her inspiration for writing her books.

A CIP catalogue record for this title is available from the British Library.

ISBN 978 -1-7397706-0-0 (paperback)
ISBN 978 -1-7397706-1-7 (ePub e-book)

www.mia-anderson.com
www.beckywrightart.com

Sight Publishing

This book is dedicated to lots of awesome people!

Octopus Gets Stuck

Mia Anderson

Illustrated by Becky Wright

Octopus and friends were out for the day.
They went to the shipwreck where they could play.

They played all morning and had lots of fun.
Then sat down for a picnic when they were done.

Delicious treats were shared all around.
Food being munched was the only sound.

After lunch, they wondered what to do.
"Come on Octopus," they said. "give us a clue!"
Octopus said, "Hide and seek is my favourite game,
I hope everybody feels the same."

Fish counted to ten, then counted again.
"I'm coming!" she cried.
"You'd all better hide!"

Octopus saw the wreck
with a hole in the side.
It looked like a very good place to hide.

All of a sudden, he found himself stuck.
He was caught in a plastic bag!
What terrible luck!

Octopus wriggled and fiddled about.
But the bag just got tighter,
"Oh please let me out!"

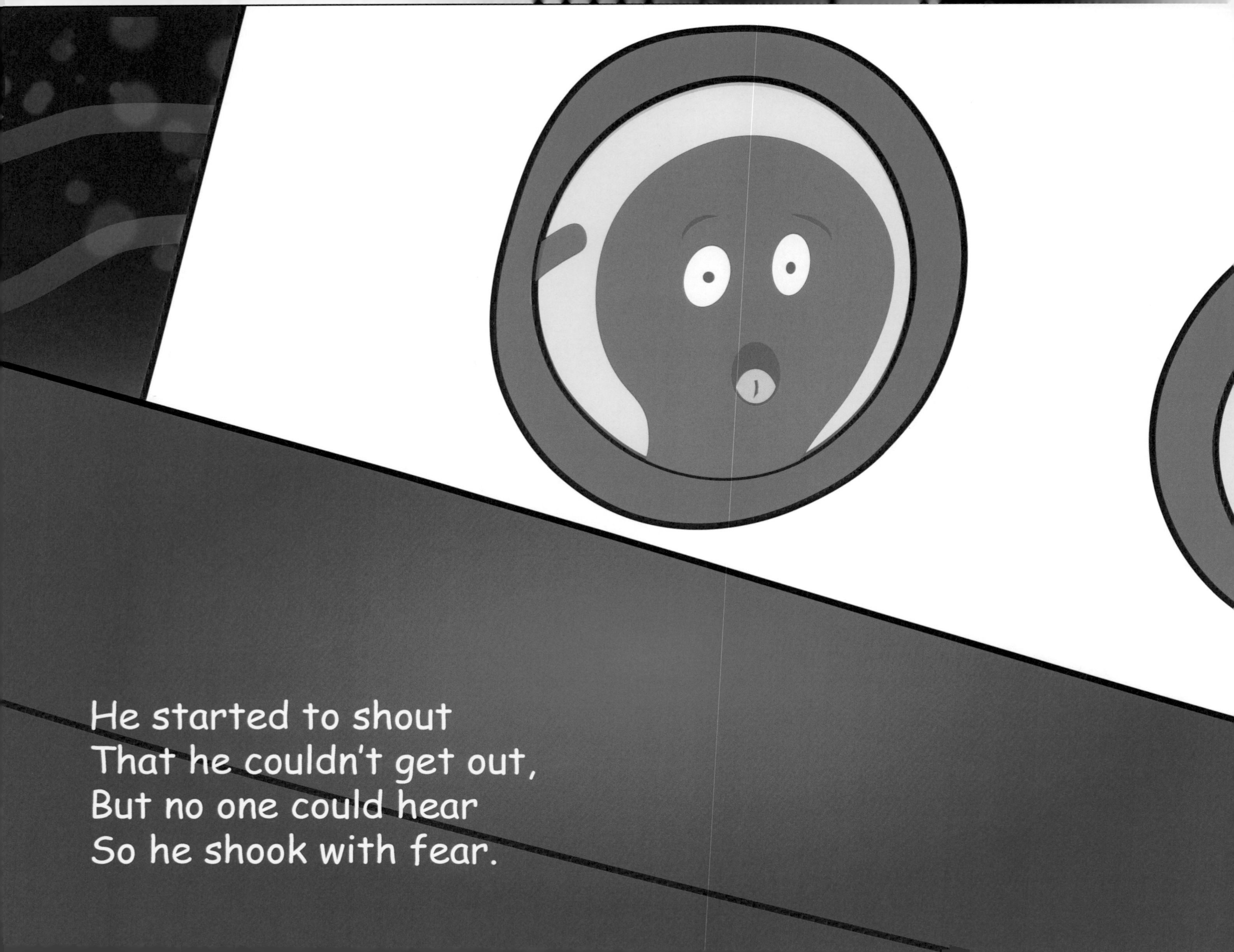

He started to shout
That he couldn't get out,
But no one could hear
So he shook with fear.

Suddenly Shark came swimming by.
"This hole is too small
But I know what to do,
I've got a friend I'm sure can help you."

Shark swam off in a flurry.
He would have to get Octopus out in a hurry.

Shark returned with Swordfish in tow.
"I'll get you out, but we'll take it slow."

Swordfish got to work right away,
And Octopus asked Shark to stay.
He cut the bag and Octopus was free.
"Oh I wish people wouldn't throw rubbish in the sea!"

And that is why we look after our seas,
So that all ocean life can live in peace.

THE END

Lightning Source UK Ltd.
Milton Keynes UK
UKRC031503051222
413417UK00001B/1

Michał Kuchciak

German Medium Tank Panzerkampfwagen III from Ausf. H to Ausf. N

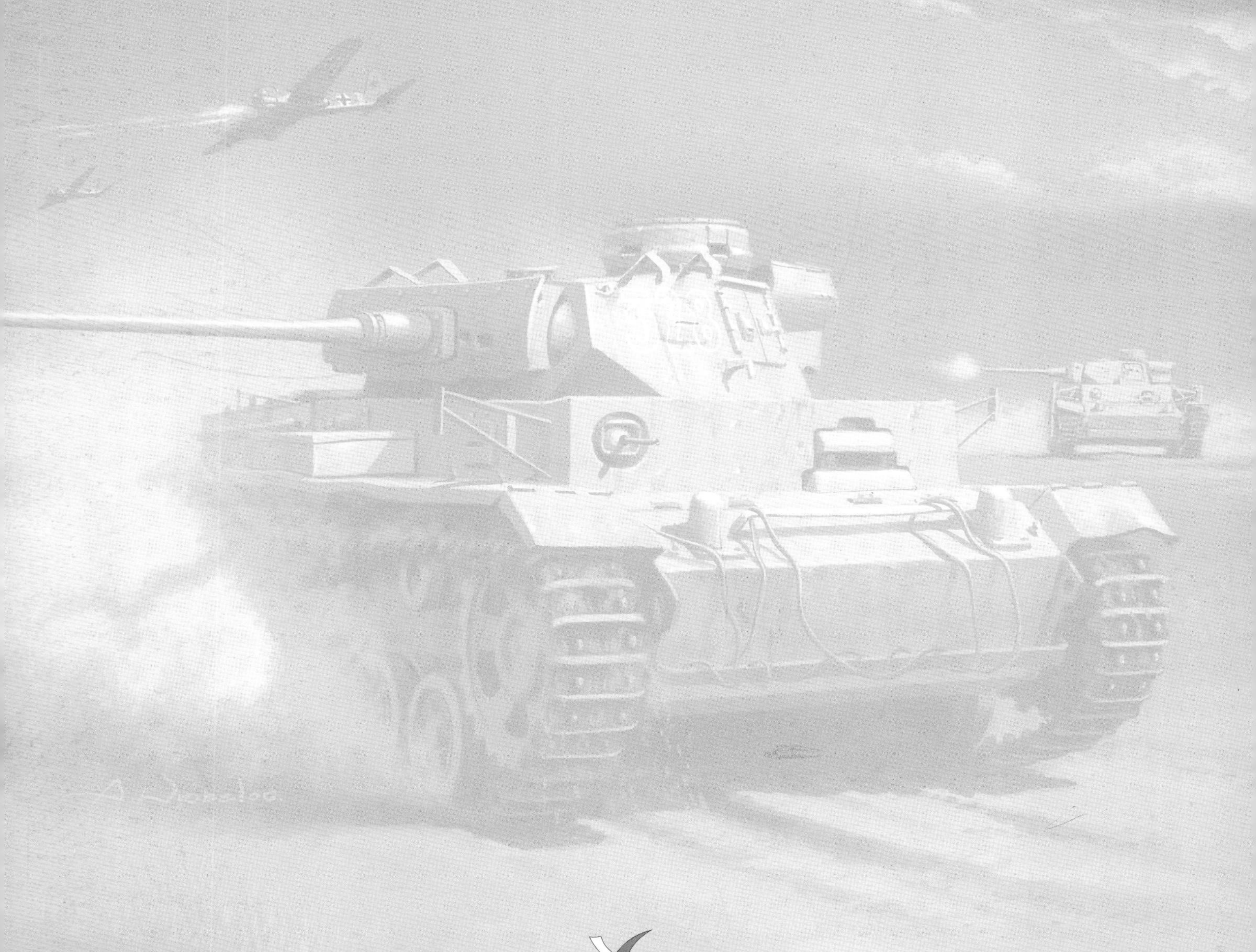

German Medium Tank Panzerkampfwagen III from Ausf. H to Ausf. N • Michał Kuchciak
First edition • LUBLIN 2020

Photo credits/zdjęcia: **Narodowe Archiwum Cyfrowe via Michał Kuchciak, via Robert Wróblewski, via Crow**
Cover/okładka: **Arkadiusz Wróbel**
Colour profiles/sylwetki barwne: **Arkadiusz Wróbel, Sławomir Zajączkowski**
Drawings sheets/plany modelarskie: **Stefan Dramiński**
DTP: **KAGERO STUDIO**
Translation/tłumaczenie: **Piotr Kolasa**

ISBN: 978-83-66148-90-1

Printed in Poland

KAGERO Publishing • e-mail: kagero@kagero.pl, marketing@kagero.pl
Editorial office, Marketing, Distribution: KAGERO Publishing,
Akacjowa 100, os. Borek – Turka, 20-258 Lublin 62, Poland, phone/fax +48 81 501 21 05

www.kagero.pl • shop.kagero.pl

Table of Contents
Spis Treści

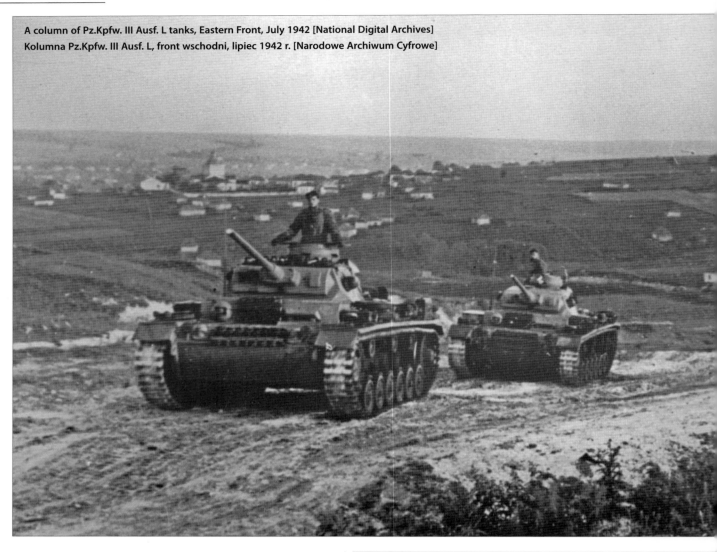

A column of Pz.Kpfw. III Ausf. L tanks, Eastern Front, July 1942 [National Digital Archives]
Kolumna Pz.Kpfw. III Ausf. L, front wschodni, lipiec 1942 r. [Narodowe Archiwum Cyfrowe]

In the mid-1930s German authorities intensified their efforts to find a way around the post-war limitations imposed on the country by the Treaty of Versailles. Hitler's drive to modernize his armed forces gained a new momentum with the arrival on stage of Col. Heinz Guderian – the future *spiritus movens* of German armored warfare doctrine. Behind the scenes German design teams were busy working on prototypes of vehicles that would soon become the tools of the future war – light Pz.Kpfw. I and II, heavy (in keeping with contemporary classification) Pz.Kpfw. IV and medium Pz.Kpfw. III armed with a 37 mm gun. In the early stages of fighting in France it became clear that the vehicle didn't carry enough punch and in later marks of the tank the 37 mm main gun was superseded by a 50 mm weapon. The ultimate version of the Pz.Kpfw. III was armed with a short barrel 75 mm gun, the largest that the tank's turret could accommodate.

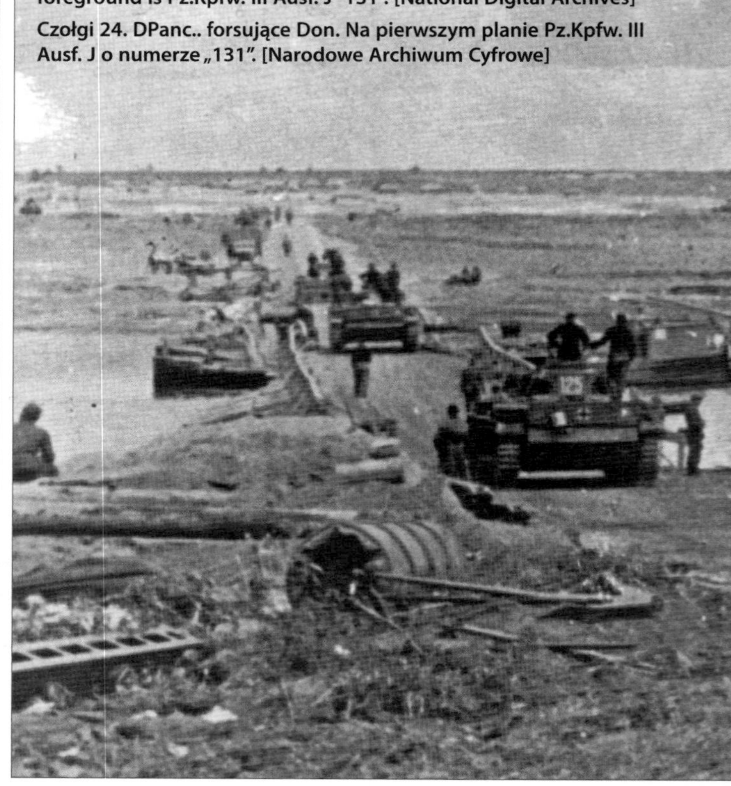

Tanks of the 24th Panzer Division crossing the Don. In the foreground is Pz.Kpfw. III Ausf. J "131". [National Digital Archives]
Czołgi 24. DPanc.. forsujące Don. Na pierwszym planie Pz.Kpfw. III Ausf. J o numerze „131". [Narodowe Archiwum Cyfrowe]

ZUGFÜHRERWAGEN

It was already in the mid-1920s that first efforts were made to equip German army with tanks. Early attempts to design and build a thoroughly modern armored vehicle can be traced to December 1933 when Krupp received a requirement from Heereswaffenamt (Army Ordnance Office) for a 10 ton tank armed with a 37 mm main gun and machine guns.

During a meeting held on January 11, 1934, where the future needs of armed forces were discussed, a decision was made to procure armored combat vehicles. As a result, two

W pierwszej połowie lat 30. XX wieku w Niemczech coraz bardziej uwidaczniały się działania, których celem było przełamanie ograniczeń narzuconych przez kończący Wielką Wojnę Traktat Wersalski. Dążenie Hitlera do unowocześnienia sił zbrojnych nabrało nowego charakteru wraz z pojawieniem się osoby płk. Heinza Guderiana, przyszłego spiritus movens niemieckiej doktryny wojsk pancernych. Równocześnie niemieccy konstruktorzy opracowywali prototypy pojazdów będących środkiem przyszłej agresji - czołgów lekkich Pz.Kpfw. I i II, ciężkiego, według ówczesnej nomenklatury, Pz.Kpfw. IV oraz średniego Pz.Kpfw. III uzbrojonego w armatę kal. 37 mm. Już w czasie walk we Francji okazało się, że armata ta była niewystarczająca, w kolejnych modelach wprowadzono więc na ich uzbrojenie armatę kal. 50 mm. Ostatnią wersją tytułowego czołgu był Ausf. N z krótkolufową armatą kal. 75 mm, największą, jaką mogła pomieścić standardowa wieża „trójki".

ZUGFÜHRERWAGEN

Starania mające na celu wprowadzenie na wyposażenie armii czołgów, podjęto w Niemczech już w drugiej połowie lat 20. minionego wieku. Pierwsze przymiarki zmierzające do opracowania nowego jakościowo wozu bojowego podjęto w grudniu 1933 r. Wówczas to w korespondencji Heereswaffenamtu (Urzędu Uzbrojenia) z firmą Krupp wspomniano o potrzebie opracowania dziesięciotonowego czołgu uzbrojonego w armatę kal. 37 mm i karabiny maszynowe.

Na zebraniu poświęconym kwestii odpowiedniego uzbrojenia armii niemieckiej w dniu 11 stycznia 1934 r., podjęto między innymi decyzję o wyposażeniu jej w sprzęt pancerny. Efektem była koncepcja dwóch typów czołgów: podstawowego, występującego początkowo pod nazwą Gefechtskraftwagen 3,7 cm (Vskfz. 619), uzbrojonego w armatę kal. 37 mm umieszczoną w obrotowej wieży oraz wyposażonego w ar-

Wreck of a Pz.Kpfw. III Ausf. L with additional Vorpanzer protection of hull front and turret. Eastern Front, Kaluga area, September 1942. [National Digital Archives]

Zniszczony Pz.Kpfw. III Ausf. L z dodatkowym opancerzeniem przodu kadłuba i wieży (Vorpanzer), front wschodni, rejon Kaługi, wrzesień 1942 r. [Narodowe Archiwum Cyfrowe]

types of tanks were to be developed: the basic tank, initially designated Gefechtskraftwagen 3.7 cm (Vskfz. 619) armed with a 37 mm gun mounted in a rotating turret and an escort tank (Begleitwagen - B.W., manufactured as the Pz.Kpfw. IV) armed with a heavier caliber weapon. The former were later "camouflaged" as a Zugführerwagen – Z.W., or a platoon's leader tank. In official documentation that vehicle can be found under several different designations:

– 3.7 cm Geschütz–Kampfwagen,
– 3.7 cm Geschütz–Panzerwagen (Vskfz. 619),
– 3.7 cm Geschütz–Panzerkampfwagen,
– 3.7 cm Panzerkampfwagen.

Before long, Waffenamt Prüfwesen 6 (department of the Army Ordnance Office responsible for development of ar-

matę większego kalibru czołgu eskortowego (Begleitwagen - B.W., produkowany seryjnie jako Pz.Kpfw. IV). Ten pierwszy został następnie zakamuflowany pod nazwą Zugführerwagen – Z.W. - czyli czołg dowódcy plutonu. W dokumentacji występował również pod innymi nazwami:

– 3,7 cm Geschütz–Kampfwagen,
– 3,7 cm Geschütz–Panzerwagen (Vskfz. 619),
– 3,7 cm Geschütz–Panzerkampfwagen,
– 3,7 cm Panzerkampfwagen.

Wkrótce Waffenamt Prüfwesen 6 (departament Urzędu Uzbrojenia zajmujący się sprzętem pancernym i motorowym) sprecyzował przyszłym wytwórcom podstawowe wymagania dotyczące czołgu Z.W. A więc przy wadze około 10 ton, miał posiadać pięcioosobową załogę, sześciobiegową skrzynię

Pz.Kpfw. III Ausf. L photographed near the city of Maykop, Russia, August 1942. [National Digital Archives]
Pz.Kpfw. III Ausf. L w rejonie miasta Majkop. Rosja, sierpień 1942 r. [Narodowe Archiwum Cyfrowe]

mored and mechanized equipment) formulated key technical specifications of the future Z.W. tank. Weighing in at 10 tons, the vehicle was to be manned by a crew of five. A six-speed Zahnradfabrik Friedrichshafen SSG 75 transmission was to be coupled to a liquid-cooled Maybach HL 100 engine developing 300 hp to accelerate the tank to a speed of 40 km/h.

Work on the Z.W. medium tank began simultaneously at Friedrich Krupp plant in Essen, Rheinische Metallwaren und Maschinenfabrik AG in Berlin (after merger with August Borsig GmbH the company operated as Rheinmetall-Borsig AG), Maschinenfabrik-Augsburg-Nürnberg AG (MAN) in Augsburg-Nuremberg and Daimler-Benz AG in Berlin. The last three were involved in the design of the chassis, with the task to build a prototype eventually going to MAN and Daimler-Benz. Rheinmetall (whose chassis didn't make the grade) and Krupp (didn't participate in the chassis design) were in turn given contracts to develop the new tank's turret. In addition, Daimler-Benz was directed to develop a chassis with an alternative configuration of the running gear, designated as Z.W. 3 and Z.W. 4.

By August 1934 Krupp had delivered two test turrets (Turm 1 and Turm 2). Following live fire tests carried out on

przekładniową Zahnradfabrik Friedrichshafen SSG 75, powinien być napędzany chłodzonym cieczą silnikiem Maybach HL 100 o mocy 300 KM oraz rozwijać prędkość 40 km/h.

Prace nad czołgiem średnim Z.W. rozpoczęto w zakładach Friedrich Krupp w Essen, Rheinische Metallwaren und Maschinenfabrik AG (Rheinmetall – po połączeniu z firmą August Borsig GmbH występowała jako Rheinmetall-Borsig AG) w Berlinie, Maschinenfabrik-Augsburg-Nürnberg AG (MAN) w Augsburgu-Norymberdze i Daimler-Benz AG w Berlinie. Trzy ostatnie uczestniczyły w opracowywaniu podwozia. Do wykonania prototypów wytypowano ostatecznie zakłady MAN i Daimler-Benz. Firmom Rheinmetall (jej podwozie nie otrzymało akceptacji) oraz Krupp, która nie uczestniczyła w tych pracach, polecono natomiast opracowanie wieży przeznaczonej dla nowego czołgu. Zakłady Daimler-Benz otrzymały również zlecenie na wykonanie podwozi z innymi rodzajami układu jezdnego oznaczonych jako Z.W. 3 i Z.W. 4

Już w sierpniu 1934 r. w zakładach Krupp wybudowano dwie testowe wieże (Turm 1 i 2). Po testach ogniowych odbytych 20 sierpnia 1935 r. w Meppen, zażądano wprowadzenia pewnych zmian dla wież seryjnych. Rok później, w sierpniu,

Pz.Kpfw. III Ausf. L – notice lack of the Vorpanzer protection on the turret front. Eastern Front, August 1942. [National Digital Archives]
Pz.Kpfw. III Ausf. L - czołg nie posiada dodatkowej płyty pancernej z przodu wieży. Front wschodni, sierpień 1942 r. [Narodowe Archiwum Cyfrowe]

August 20, 1935 in Meppen, some modifications were recommended before the turrets could be cleared for a full-scale production. The following August Daimler-Benz delivered their chassis prototype designated Z.W. 1, while MAN most likely didn't complete the assigned task. In late 1935 turrets designed and built at Rheinmetall and Krupp were mated to the Z.W. 1 chassis, before the vehicles were sent for tests. During field tests the prototype equipped with Krupp's turret performed better and was subsequently selected for a full-scale production.

VERSIONS ARMED WITH A 37 MM GUN

Daimler-Benz received an order for ten Pz.Kpfw. III vehicles in December 1935 and by the end of 1937 all ten examples had rolled off the assembly lines. The vehicles received chassis numbers 60101 to 60110, official designation Pz.Kpfw. III (3.7 cm) Ausführung A (factory designation 1 Serie/Z.W.) and ordnance inventory number 141 (Sonderkraftfahrzeug 141, or Sd.Kfz. 141).

The tank's running gear consisted of a pair of drive wheels, two idler wheels, two pairs of return rollers and five pairs of cast steel, rubber-rimmed double road wheels supported by steel arms and coil spring suspension.

The tank was powered by a liquid-cooled Maybach HL 108 TR developing 250 hp at 2,800 rpm. It was coupled to

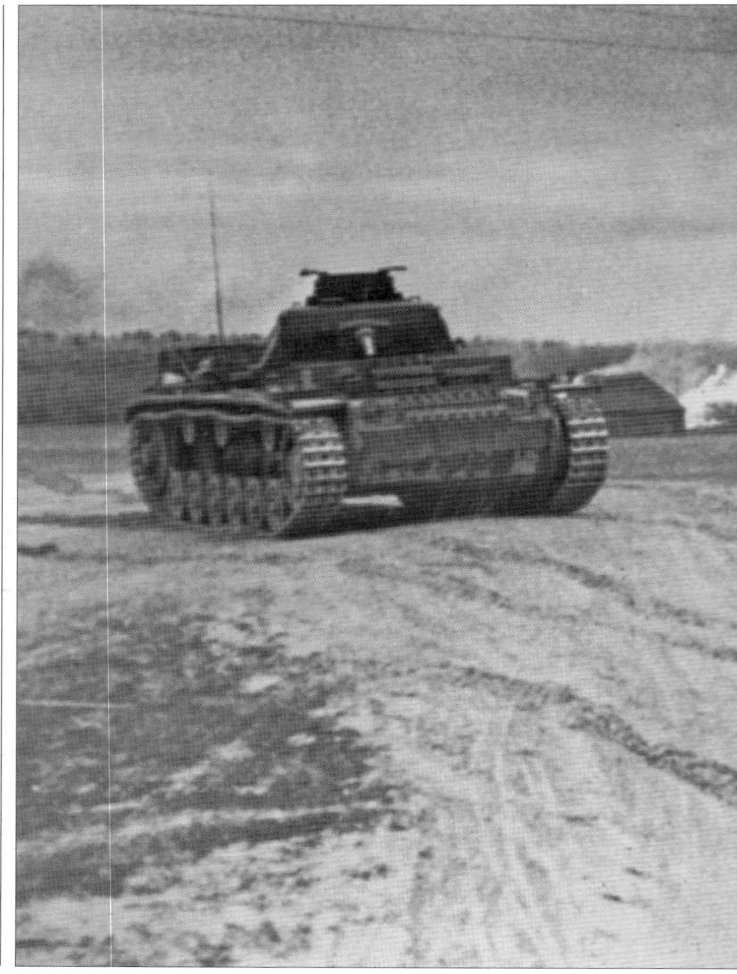

Pz.Kpfw. III Ausf. J tanks, Eastern Front, October 1941. [National Digital Archives]
Czołgi Pz.Kpfw. III Ausf. J, front wschodni, październik 1941 r. [Narodowe Archiwum Cyfrowe]

a manual Zahnradfabrik ZF SFG 75 transmission with five forward gears plus reverse. The vehicle's average speed was 22 km/h, or 10 – 12 km/h in off-road conditions. Pz.Kpfw. III Ausf. A featured rolled steel armored protection measuring from 5 to 14.5 mm in thickness. The turret's armor was from 10 to 16 mm thick. The tank's main armament was a 3.7 cm KwK L/46, 5 gun. Two MG 34 7.92 mm machine guns were mounted to the right of the main gun.

Later in 1937 a new version of the tank was developed - Pz.Kpfw. III (3.7 cm) Ausf. B (2 Serie/Z.W.), which was an improved variant of the Z.W. 3 prototype. In total, between November and December, Deimler-Benz delivered 15 vehicles (chassis numbers 60201 to 60215). The new version of the tank featured a completely redesigned running gear. Five large road wheels were replaced with eight smaller ones, which were arranged into four two-wheel bogies. Each side of the tank featured two leaf-spring blocks, which provided suspension for two pairs of bogies. In addition, each pair of bogies was equipped with a shock absorber. The tank also featured three pairs of return rollers, instead of two in the previous version.

Another short-series iteration of the tank was Pz.Kpfw. III (3.7 cm) Ausf. C (Sd.Kfz. 141) (3a Serie/Z.W.), which was developed using the Z.W. 4 prototype. Tanks in this configuration were built between June 1937 and January 1938 by Deimler-Benz. Turrets were delivered by Krupp and Alkett (Altmärkisches Kettenwerk GmbH) in Spandau and Falkense. Similarly to the "B" model, 15 examples of that version were manufactured (chassis numbers 60301 – 60315). There were only minor modifications to the tank's suspension design. A 2-4-2

firma Daimler-Benz wykonała prototyp swojego podwozia oznaczonego jako Z.W. 1, MAN prawdopodobnie ostatecznie nie wykonał zamówionego egzemplarza. Na podwoziu Z.W. 1 pod koniec 1935 r. osadzono wieże opracowane przez Rheinmetall i Krupp, a następnie pojazdy poddano próbom poligonowym. Wyszedł z nich zwycięsko czołg z wieżą Kruppa i to on został wybrany do seryjnej produkcji.

WERSJE UZBROJONE W ARMATY KAL. 37 MM

Zamówienie na 10 pojazdów pierwszego modelu Pz.Kpfw. III zakłady Daimler-Benz otrzymały w grudniu 1935 r., zaś gotowe pojazdy opuściły hale montażowe przed końcem 1937 r. Przyznano im numery podwozi w zakresie od 60101 do 60110. Czołgi zostały nazwane oficjalnie Pz.Kpfw. III (3,7 cm) Ausführung A (oznaczenie firmowe 1 Serie/Z.W.) oraz otrzymały numer Sonderkraftfahrzeug 141 (Sd.Kfz. 141).

Układ jezdny stanowiły: para kół napędowych, para kół napinających, a także dwie pary rolek podtrzymujących i pięć par odlewanych, podwójnych kół jezdnych z otworami ulgowymi – dwa ostatnie rodzaje z bandażami gumowymi. Każda z par kół nośnych amortyzowana była poprzez wahacz za pomocą sprężyn stalowych.

Czołg napędzany był chłodzonym cieczą silnikiem typu Maybach HL 108 TR o mocy 250 KM przy 2800 obr./min. Stosowano mechaniczną skrzynię biegów Zahnradfabrik ZF SFG 75 o pięciu przełożeniach do jazdy w przód i jednym wstecznym. Średnia prędkość pojazdu wynosiła 22 km/h, w terenie zaś 10-12 km/h. Pz.Kpfw. III Ausf. A osłonięty był pancerzem wykonanym z walcowanych płyt stalowych grubości od 5

German armored column on the Eastern Front. Clearly visible is a Pz.Kpfw. III Ausf. J. October 1941. [National Digital Archives]
Kolumna pancerna na froncie wschodnim, widoczny czołg Pz.Kpfw. III Ausf. J. Październik 1941 r. [Narodowe Archiwum Cyfrowe]

arrangement was introduced with the first and last bogies braced under small spring-leaf assemblies mounted parallel to the ground, while the two middle bogies were mounted on similar, but much larger leaf-spring blocks. In addition, the front and rear bogies featured their own half-elliptical shock absorbers mounted over the first and eighth road wheel.

Pz.Kpfw. III Ausf. C was superseded on assembly lines by the next version designated Pz.Kpfw. III (3.7 cm) Ausf. D (Sd. Kfz. 141) (3b Serie/Z.W.), whose production began in January 1938 at Daimler-Benz plant. Turrets were delivered by Krupp and Alkett. A total of 30 examples of the "D" model were delivered in two production runs. The main batch of 25 vehicles (chassis numbers 60316 – 60340) was ready in September. The remaining five examples (60221 – 60225) received turrets and hulls from Ausf. B tanks that had been previously converted into StuG III assault guns.

The vehicle's running gear was largely identical to previous versions, with the exception of redesigned mounting of shock absorbers over the second and fifth road wheel and a new design of return rollers and idlers. The short spring-leaf blocks mentioned above were now mounted at an angle, rather than parallel to the ground, as was the case in the previous version of the tank. The vehicle was also equipped with a synchronized Zahnradfabrik ZF SSG 76 seven-speed transmission (six forward gears and reverse).

All four versions of the tank described above were in fact test vehicles, with each successive iteration being an improved version of the previous model. A full-scale production of the tank wasn't launched in earnest until the Pz.Kpfw. III (3.7 cm) Ausf. E (Sd.Kfz. 141) (4 Serie/Z.W.) variant was ready in December 1938. The new version featured a much improved running gear developed by Heinrich Ernst Kniepkamp, which was designed to allow the vehicle to

do 14,5 mm. Pancerz wieży liczył od 10 do 16 mm. Głównym uzbrojeniem była armata 3,7 cm KwK L/46,5. Po jej prawej stronie umieszczono dwa karabiny maszynowe MG 34 kal. 7,92 mm.

Jeszcze w 1937 r. opracowano nową wersję „trójki" – Pz.Kpfw. III (3,7 cm) Ausf. B (2 Serie/Z.W.), będącą rozwinięciem wspomnianego wcześniej prototypu Z.W. 3. Ogółem od listopada do grudnia tego roku w zakładach Daimler-Benz zbudowano i wprowadzono do użytku 15 maszyn, których numery podwozi kształtowały się w zakresie od 60201 do 60215. W wariancie tym całkowicie przerobiono układ jezdny. Zrezygnowano z pięciu dużych podwójnych kół nośnych na rzecz ośmiu o mniejszej średnicy. Połączono je parami w wózki jezdne, resorowane przez dwa piórowe, półeliptyczne resory (jeden resor przypadał na dwa wózki). Każda para amortyzowana była dodatkowo amortyzatorem. Zwiększono również ilość kół podtrzymujących do trzech par.

Kolejna niskoseryjna wersja tytułowego czołgu – Pz.Kpfw. III (3,7 cm) Ausf. C (Sd.Kfz. 141) (3a Serie/Z.W.), rozwinięta z Z.W. 4, budowana była od czerwca 1937 r. do stycznia 1938 r. przez zakłady Daimler-Benz. Wieże dostarczały firmy Krupp i Alkett (Altmärkisches Kettenwerk GmbH) w Spandau i Falkense. Podobnie jak w poprzednim przypadku, wyprodukowano 15 sztuk (numery podwozi 60301-60315). Zmiany w zawieszeniu były niewielkie. Wprowadzono układ 2-4-2, w którym pierwszy i ostatni wózek nośny amortyzowane były przez małe resory piórowe zamontowane równolegle do podłoża, natomiast dwa wózki jezdne w środku łączyły podobne resory, ale już znacznie większe. Poza tym pierwsza i ostatnia para posiadała własne półeliptyczne amortyzatory mocowane przy pierwszym i ósmym kole.

Pz.Kpfw. III Ausf. C został wyparty z produkcji przez wersję oznaczoną jako Pz.Kpfw. III (3,7 cm) Ausf. D (Sd.Kfz. 141)

Pz.Kpfw. III Ausf. H tanks operating on the Eastern Front. The vehicle on the right is "215". [National Digital Archives]
Czołgi Pz.Kpfw. III Ausf H na froncie wschodnim. Pojazd po prawej stronie posiada nr „215". [Narodowe Archiwum Cyfrowe]

achieve speeds of up to 70 km/h (40 km/h was still recommended as top speed, since faster travel caused blistering and separation of rubber tires on the tank's road wheels). The new arrangement of the drive gear proved to be such a success that it was used in all subsequent marks of the vehicle. Its main features included the use of six pairs of road wheels mounted on torsion bars. Lighter idlers were also introduced, but the arrangement of three sets of return rollers remained unchanged. Both road wheels and return rollers featured solid rubber tires.

In addition to Daimler-Benz, the new tank was also manufactured by MAN. By October 1939 96 vehicles had been assembled – 41 manufactured by Daimler-Benz (60401 – 60441) and 55 by MAN (60442 – 60496). Turrets were supplied by Krupp (six examples) and Alkett (90 units).

Front and sides of the vehicle were made of 30 mm armor, rear was 20 mm thick, bottom – 16 mm, while the top of the hull was 25 mm thick. The machine gun was installed in a new mount (Kugelblende 30) to allow for the increased thickness of the armor. The tank's turret also saw some modifications with its armor protection thickness increased as follows: front, sides and gun mantlet – 30 mm, top – 10 mm, cupola – 30 mm. Additional armor caused the overall weight of the vehicle to reach 19.5 tons. To compensate for that a more powerful, 12-cylinder Maybach HL 120 TR engine was installed, which delivered 285 hp at 2,800 rpm. The tank also received a new Variorex SRG-328-145 transmission featuring 10 forward gears and reverse.

The next iteration of the tank, Pz.Kpfw. III (3.7 cm) Ausf. F (Sd.Kfz. 141) (5 Serie/Z.W.), was manufactured in paral-

(3b Serie/Z.W.). Montaż rozpoczęto w styczniu 1938 r. w zakładach Daimler-Benz, wieże dostarczały firmy Krupp i Alkett. Ogółem zbudowano 30 maszyn w dwóch seriach. Głowna liczyła 25 pojazdów o numerach seryjnych w zakresie od 60316 do 60340, zaś jej produkcję zakończono prawdopodobnie przed wrześniem tego roku. Pięć ostatnich maszyn o numerach 60221-60225 otrzymało wieże i kadłuby z czołgów Ausf. B przerobionych na działa samobieżne StuG III.

Pojazd miał analogiczny układ jezdny jak dwie wersje poprzednie. W tym przypadku zmieniono tylko mocowanie resorów przy drugim i siódmym kole jezdnym, oraz konstrukcję kół napinającego i napędowego. Wspomniane resory mocowane były ukośnie, a nie równolegle do podłoża. Od tego modelu w użyciu była zsynchronizowana skrzynia przekładniowa Zahnradfabrik ZF SSG 76, która posiadała sześć biegów do jazdy do przodu i jeden wsteczny.

Powyższe cztery modele „trójki" były tak naprawdę pojazdami testowymi i każdy kolejny wariant był ulepszoną wersją poprzedniego. Produkcję wielkoseryjną wprowadzono dopiero wraz z pojawieniem się wersji Pz.Kpfw. III (3,7 cm) Ausf. E (Sd.Kfz. 141) (4 Serie/Z.W.), a więc od grudnia 1938 r. Powstanie nowego wariantu związane było z opracowaniem przez inż. Kniekampa ulepszonego podwozia, dzięki któremu pojazd miał rozwinąć prędkość dochodzącą do 70 km/h (zalecano jednak prędkość maksymalną do 40 km/h, gdyż szybsze poruszanie się powodowało odparzanie gumowych bandaży na kołach jezdnych). Nowe podwozie okazało się być na tyle efektywne, że wprowadzano go we wszystkich kolejnych wariantach „trójek". Cechą charakterystyczną było zastosowanie sześciu par kół jezdnych, zamocowanych na drążkach skręt-

Pz.Kpfw. III Ausf. J on the Eastern Front, February 1942. [National Digital Archives]
Pz.Kpfw. III Ausf. J na froncie wschodnim, luty 1942 r. [Narodowe Archiwum Cyfrowe]

lel with production of the "E" model, but in much greater numbers. Its production was launched in August 1939 and continued until April/May 1941 at which point 435 vehicles had been assembled. The "F" variants were manufactured in several locations: Alkett – 36 examples (61601 – 61636), Daimler-Benz – 95 vehicles (61101 – 61195), MAN – 96 tanks (61001 -61096), Fahrzeug- und Motorenbau GmbH (FAMO) in Breslau (Wroclaw) – 28 machines (61201 – 61228), Henschel & Sohn in Mittelfeld-Kassel – 120 examples (61301 – 61420) and Mühlenbau und Industrie AG (MIAG) in Braunschweig – 60 tanks (61501 – 61560).

Some of the turrets were delivered by Wegmann plant in Kassel. In most respects that variant was identical to the previous version. There were some minor differences, including an additional air scoop into the engine compartment and the use of a different Maybach engine (HL 120 TRM), albeit still rated at 285 hp.

nych. Wprowadzono lżejsze koła napinające, zachowując trzy pary kół podtrzymujących. Zarówno koła jezdne jak i podtrzymujące miały bandaże gumowe.

Do produkcji nowego wariantu zaangażowano oprócz zakładów Daimler-Benz także firmę MAN. Do października 1939 r. hale montażowe opuściło 96 pojazdów, z czego 41 sztuk zbudowanych zostało w pierwszej z wymienionych firm (numery podwozi 60401-60441) i 55 maszyn w drugiej (60442-60496). Wieże dostarczały Krupp (6 sztuk) i Alkett (90 sztuk).

Przód i boki kadłuba zbudowane były z płyt grubości 30 mm, tył - 20 mm, dno - 16 mm, zaś strop kadłuba 25 mm. W związku z tym kadłubowy karabin maszynowy zamontowano w dostosowanym do nowej grubości pancerza jarzmie Kugelblende 30. Modyfikacjom poddano również wieżę - grubość jej pancerza wynosiła: przód, boki i tył oraz jarzmo po 30 mm, dach 10 mm, wieżyczka dowódcy 30 mm. W efekcie zmian ciężar czołgu wzrósł do 19,5 tony. Fakt ten sprawił, że

Pz.Kpfw. III Ausf. J operating on the Eastern Front in winter camouflage in 1941. The crew is holding a Third Reich flag as an identification for friendly air. [National Digital Archives]

Pz.Kpfw. III Ausf. J w zimowym kamuflażu na froncie wschodnim w 1941 r. Załoga trzyma znak rozpoznawczy dla własnego lotnictwa – flagę III Rzeszy. [Narodowe Archiwum Cyfrowe]

The first batch of 335 tanks, which had been produced by July 1940, featured the 3.7 cm KwK L/46, 5 main gun and three MG 34 machine guns, while the last 100 examples received a 50 mm gun and a new designation – Pz.Kpfw. III (5 cm) Ausf. F.

The last mark of Panzer III that was still armed with a 37 mm main gun was Pz.Kpfw. III (3.7 cm) Ausf. G (Sd.Kfz. 141) (6 Serie/Z.W.), which was almost identical in its design to the previous Ausf. F tank. That mark was in production between March 1940 and February 1941 at Daimler-Benz – 60 vehicles (65801-65860), Henschel & Sohn – 155 tanks (65101-65255), MAN – 90 examples (65001-65090), Alkett – 150 machines (65401-65550), MIAG – 80 vehicles (65720-65799),

zastosowano mocniejszy, dwunastocylindrowy silnik Maybach HL 120 TR o mocy 285 KM przy 2800 obr./min. W czołgach wprowadzono również nową skrzynię biegów Variorex SRG-328-145 o 10 biegach do jazdy w przód i 1 wstecznym.

Równolegle, ale w znacznie większej liczbie wytwarzano kolejną wersję „trójki", a mianowicie Pz.Kpfw. III (3,7 cm) Ausf. F (Sd.Kfz. 141) (5 Serie/Z.W.), której produkcję rozpoczęto jeszcze w sierpniu 1939 r. Zakończono ją na przełomie kwietnia i maja 1941 roku liczbą 435 pojazdów. Czołgi budowano w zakładach: Alkett - 36 sztuk o numerach podwozi od 61601 do 61636; Daimler-Benz - 95 maszyn, 61101-61195; MAN - 96 czołgów, 61001-61096; Fahrzeug- und Motorenbau GmbH (FAMO) we Wrocławiu - 28 maszyn, 61201-61228; Henschel

This Pz.Kpfw. III Ausf. H or Ausf. J is having its track repaired. Eastern Front, August 1941. [National Digital Archives]
Naprawa gąsienicy Pz.Kpfw. III Ausf. H lub Ausf. J, front wschodni, sierpień 1941 r. [Narodowe Archiwum Cyfrowe]

Maschinenfabrik Niedersachsen-Hannover (MNH) – 50 tanks (65901-65950) and FAMO – 15 vehicle (65365-65379).

In total, 600 tanks were manufactured out of the initial order for 800 examples. Production was discontinued following performance issues with the Variorex transmissions. Early production examples still featured 37 mm guns in internal, unprotected mounts and two MG 34 machine guns. Later production vehicles, beginning in June 1940, carried a 50 mm main gun in external gun mantlet. Vehicles armed with 37 mm guns were designated 6a Serie/Z.W., while those equipped with 50 mm guns were known as 6b Serie/Z.W.

Other modifications included some changes to the design of the cupola and increased thickness of rear armor protection from 20 mm to 30 mm.

RE-ARMING WITH A 50 MM GUN

Heinz Guderian pressed for a 50 mm gun as the main armament of Panzer III at the early stage of the "platoon's leader tank" project. Unfortunately, officials from the Army Ordnance Office, Artillery Department, opposed the idea and insisted on the 3.7 cm Pak gun, which was a standard anti-tank weapon across the armed forces.

As a result, the first seven versions of the tank (A, B, C, D, E and G) featured a 3.7 cm KwK L/46.5 gun with a 1,716 mm barrel. The gun could be elevated from – 10° to + 20° and traversed 360°. The tank could carry from 121 to 125 rounds of ammunition. Early on the gun fired 0.685 kg Panzergranate

& Sohn w Mittelfeld-Kassel - 120 egzemplarzy, 61301-61420 oraz Mühlenbau und Industrie AG (MIAG) w Braunschweig – 60 „trójek", numery 61501-61560.

Część wież pancernych zbudowały zakłady Wegmann w Kassel. W zasadzie wariant ten był identyczny z poprzednim. Różnice sprowadzały się do wprowadzenia dodatkowego wlotu powietrza do przedziału silnikowego oraz zastosowania nowego silnika Maybach HL 120 TRM, aczkolwiek o tej samej mocy.

Pierwsze 335 czołgów, wyprodukowanych do lipca 1940 r., uzbrojonych było w armaty 3,7 cm KwK L/46,5 i trzy karabiny maszynowe MG 34. Natomiast w ostatnich 100 maszynach zamontowano już armaty kal. 50 mm. Otrzymały one oznaczenie Pz.Kpfw. III (5 cm) Ausf. F.

Ostatnim czołgiem, w którym stosowano jeszcze armaty kal. 37 mm, był Pz.Kpfw. III (3,7 cm) Ausf. G (Sd.Kfz. 141) (6 Serie/Z.W.), o konstrukcji prawie niezmienionej w stosunku do wersji Ausf. F. Produkowany był od marca 1940 r. do lutego 1941 r. przez zakłady: Daimler-Benz (60 sztuk o numerach podwozi 65801-65860), Henschel & Sohn (155 maszyn, 65101-65255), MAN (90 czołgów, 65001-65090), Alkett (150 maszyn, 65401-65550), MIAG (80 pojazdów, 65720-65799), Maschinenfabrik Niedersachsen-Hannover (MNH) w Hanowerze (50 egzemplarzy, 65901-65950) oraz FAMO (15 pojazdów, 65365-65379).

Spośród zamówionych 800 wyprodukowano w sumie 600 czołgów – zaprzestanie produkcji spowodowane było problemami ze skrzyniami biegów Variorex. Pierwsze zbudowane egzemplarze posiadały jeszcze armaty kal. 37 mm

Pz.Kpfw. III Ausf. L "221" from the 1st Panzer Division undergoing field repairs. Eastern Front, July 1942. [National Digital Archives]
Naprawa Pz.Kpfw. III Ausf. L nr „221" z 1. DPanc., front wschodni, lipiec 1942 r. [Narodowe Archiwum Cyfrowe]

(armor piercing rounds) with a muzzle velocity of 745 m/s (capable of penetrating 30 mm armor angled at 30° and from a range of 500 m) and Sprenggranate 18 (high explosive rounds) weighing in at 0.615 kg and with a muzzle velocity of 725 m/s. Later on new APCR shells were introduced: Panzergranate 40 (weight – 0,368 kg, muzzle velocity – 1,020 m/s) and Panzergranate 40/1 (weight – 0.425 kg, muzzle velocity – 950 m/s). Panzergranate 40 could penetrate 47 mm of armor at a range of 400 m.

As of August 1, 1939, just a month before the Third Reich's invasion of Poland (Fall Weiss), German army fielded 98 Pz. Kpfw. III and 35 command vehicles based on the Panzer III chassis. 87 of those machines were used by frontline units, while 11 examples remained in reserve with various outfits. The tanks saw combat for the first time in September 1939. Polish campaign proved that the punch delivered by the Pz. Kpfw. III was more than enough against a handful of Polish light tanks, whose armor and armament were no match against German medium tanks. Nonetheless, despite the obvious advantage of Panzer III against Polish Vickers Mk E and 7TP light tanks, the Germans lost some 30 vehicles of that type in Poland, including 19 that were complete write-offs.

The lessons learned during the Western campaign were much more painful for German tank crews. On May 10, 1940 German units had a total of 349 Panzer III vehicle in inventory. Once operation Fall Gelb got underway (attack on France, Belgium and Holland), it became painfully clear that 37 mm guns were ineffective against French and British vehicles, such as the Somua S-35, B1 bis or Matilda II, which featured a better armor protection (S-35's armor was up to 40 mm thick and the tank carried a 47 mm main gun; the B1 bis had up to 60 mm of armor and was armed with a 75 mm howitzer and a 47 mm gun, while the Matilda II carried a 40 mm gun and was

w wewnętrznym, nieosłoniętym jarzmie oraz dwa karabiny MG 34. Pozostałe, produkowane od czerwca 1940 r., uzbrojono już w armaty kal. 50 mm umieszczone w jarzmie zewnętrznym. Pojazdy z armatami 3,7 cm otrzymały wówczas oznaczenie 6a Serie/Z.W., zaś z 5 cm – 6b Serie/Z.W.

Zmianom konstrukcyjnym uległa konstrukcja wieżyczki dowódcy, a ponadto zwiększona została grubość pancerza tylnego z 20 do 30 mm.

PRZEZBROJENIE W ARMATY KAL. 50 MM

Pierwsze starania związane z zaimplementowaniem silniejszego uzbrojenia - armaty kal. 50 mm, podjął Heinz Guderian jeszcze u progu powstania „czołgu dowódcy plutonu". Na to jednak nie zgodzili się szefowie Urzędu Uzbrojenia i Departamentu Artylerii, swoje stanowisko argumentując unifikacją z uzbrojeniem innych formacji w działka przeciwpancerne 3,7 cm Pak.

W związku z tym, uzbrojeniem pierwszych siedmiu wersji „trójki" (A, B, C, D, E, F i G) była armata 3,7 cm KwK L/46,5 o długości lufy 1716 mm. W płaszczyźnie pionowej mogła się poruszać w zakresie od – 10° do + 20°, zaś w poziomej 360°. Zapas amunicji wynosił od 121 do 125 pocisków. Początkowo stosowano pociski przeciwpancerne (Panzergranate) o ciężarze 0,685 kg i prędkości początkowej 745 m/s (przebijał pancerz grubości 30 mm pod kątem 30° z odległości 500 m) oraz burzące (Sprenggranate 18) o masie 0,615 kg i prędkości początkowej 725 m/s. Z czasem do użytku weszły pociski podkalibrowe Panzergranate 40 (ciężar 0,368 kg, prędkość początkowa 1020 m/s) i Panzergranate 40/1 (masa 0,425 kg, prędkość początkowa 950 m/s). PzGr 40 mógł przebić pancerz grubości 47 mm z odległości 400 m.

W dniu 1 sierpnia 1939 r., a więc w przeddzień agresji III Rzeszy na Polskę (Fall Weiss), w armii niemieckiej znajdowało

protected by up to 78 mm of armor). In total, the Germans lost no fewer than 135 Pz.Kpfw. IIIs in the west.

As a result of those appalling losses Hitler personally ordered all Panzer III tanks to be re-armed with the 5 cm KwK 39 L/60 gun. However, arms manufacturers ignored the order, claiming that the installation of that gun in Panzer III was impossible. Instead, they introduced a shorter version of the 50 mm gun – 5 cm KwK L/42. Introduction of a new main gun required new technical documentation and additional time, so in the first instance the weapon was installed in Panzer III versions in current production, i.e. Ausf. F and Ausf. G. By July 1940 vehicles armed with a 50 mm gun began to roll off the assembly lines. As mentioned before, 435 examples of Ausf. F and 600 Ausf. G tanks were manufactured, of which 100 and 550 examples (respectively) featured the 50 mm gun. In time, the new weapon was also retrofitted to other tanks, originally armed with the 37 mm main gun.

5 cm KwK L/42's barrel was 2,100 mm long and the gun had a rate of fire of some 15 rounds per minute. The gun could be depressed/elevated between – 10° and + 20°, and traversed the full 360°. In addition to the main gun, the tanks featured a coaxial MG 34 machine gun. The vehicle could carry a supply of 99 rounds of ammunition of the following types:

- Sprenggranate 38 (HE round) – muzzle velocity: 450 m/s, weight: 1.823 kg

- Panzergranate 39 (AP round) – muzzle velocity: 685 m/s, weight: 2.06 kg. The shell could penetrate 43 mm armor from 500 m and 32 mm armor from 1,000 m.

- Panzergranate 40 (APCR round) – muzzle velocity: 1,050 m/s, weight: 0.925 kg. The round could penetrate 55 mm armor from 500 m and 28 mm armor from 1,000 m.

Table 1 below presents a comparison between different main guns used in Panzer III vehicles. Description of the other two guns also carried by those vehicles can be found later in this book.

się 98 czołgów Pz.Kpfw. III i 35 czołgów dowodzenia zbudowanych na ich podwoziach. Z tej liczby 87 maszyn funkcjonowało w pierwszej linii, reszta, czyli 11 sztuk, pozostawało w dyspozycji wojsk lądowych. Chrzest bojowy pierwszych wersji „trójek" miał miejsce we wrześniu 1939 r. Kampania polska pokazała, że środki bojowe jakimi dysponowały Pz.Kpfw. III były więcej niż wystarczające, gdyż nieliczne polskie czołgi lekkie posiadały zarówno zbyt cienki pancerz jak i zbyt słabe uzbrojenie, by poważniej zagrozić niemieckim średnim wozom bojowym. Jednakże mimo wyższości parametrów bojowych „trójki" nad najsilniejszymi czołgami polskimi – lekkimi Vickers Mk E i 7TP, Niemcy stracili w Polsce około 30 wozów tego typu, z czego 19 bezpowrotnie.

Znacznie bardziej dotkliwe były doświadczenia z kampanii na zachodzie. Na dzień 10 maja 1940 r. na stanie Panzertruppen znajdowało się 349 czołgów Pz.Kpfw. III. Realizacja planu Fall Gelb, ataku na Francję, Belgię i Holandię w maju 1940 r. pokazała, że dotychczasowe uzbrojenie w armaty kal. 37 mm było dalece niewystarczające by skutecznie zmierzyć się z czołgami francuskimi i brytyjskimi typów Somua S-35, B1 bis czy też Matilda II, znacznie lepiej opancerzonymi i uzbrojonymi (S-35 posiadał pancerz dochodzący do 40 mm grubości i armatę kal. 47 mm, B1 bis - pancerz do 60 mm grubości i uzbrojenie w postaci haubicy kal. 75 mm i armaty kal. 47 mm, zaś Matilda II - opancerzenie dochodzące do 78 mm grubości, armata kal. 40 mm). Wskutek kampanii zachodniej, straty całkowite w czołgach Pz.Kpfw. III wyniosły 135 maszyn.

W związku z tym Hitler zarządził, by „trójki" przezbroić w armatę 5 cm KwK 39 L/60. Jednakże niemieccy specjaliści z branży zbrojeniowej zignorowali jego zalecenia twierdząc, że jest to niemożliwe i zamiast niej zastosowali armatę wprawdzie tego samego kalibru, ale o krótszej lufie - 5 cm KwK L/42. Ponieważ sporządzenie dokumentacji technicznej nowego czołgu i rozpoczęcie jego produkcji musiało odwlec się w czasie, przystąpiono w pierwszej kolejności do przezbrojenia produkowanych już wersji – Ausf. F i Ausf. G

Pz.Kpfw. III Ausf. J photographed on the Eastern Front in March 1942. [National Digital Archives]
Pz.Kpfw. III Ausf. J na froncie wschodni, marzec 1942 r. [Narodowe Archiwum Cyfrowe]

Pz.Kfw. III Ausf. J is pulling a StuG III assault gun out of a snow bank. Eastern Front, April 1942. [National Digital Archives]
Pz.Kfw. III Ausf. J wyciąga z zaspy działo samobieżne StuG III, front wschodni, kwiecień 1942 r. [Narodowe Archiwum Cyfrowe]

Tab. 1. Main guns used in Pz.Kpfw. III				
	3.7 cm KwK L/46,5	5 cm KwK L/42	5 cm KwK 39 L/60	7.5 cm KwK 37 L/24
Caliber:	37 mm	50 mm	50 mm	75 mm
Barrel length:	1,716 mm	21,00 mm	3,000 mm	1,766 mm
Rate of fire:	up to 20 rpm	up to 15 rpm	up to 15 rpm	up to 12 rpm
Elevation:	- 10° / + 20°	- 10° / + 20°	- 10° / + 20°	- 8° / + 20°
Traverse:	360° (turret traverse)	360° (turret traverse)	360° (turret traverse)	360° (turret traverse)
Ammunition supply:	121-125 rounds	99 rounds	84 rounds	64 rounds

PZ.KPFW. III (5 CM) AUSF. H (SD.KFZ. 141)

The first version of the Panzer III to have been specifically designed for the 5 cm KwK L/42 gun was Pz.Kpfw. III (5 cm) Ausf. H (Sd.Kfz. 141) (7 Serie/Z.W.). It might be worth noting that even before the Ausf. E model was introduced, orders had been placed for the following numbers of Panzer III vehicles: 4 Serie (i.e. Ausf. E) – 96 examples, 5 Serie (Ausf. F) - 435, 6 Serie (Ausf. G) - 800 machines, 7 Serie (i.e. the Ausf. H model discussed here) - 759 tanks and 8 Serie - 440 examples (future Ausf. J).

In the meantime, out of a total of 759 examples of the Ausf. H model, which had been ordered between October 1940 and March 1941, only 286 were delivered (other sources indicate that number was 308, 310 or 408 tanks), following which production of that variant was discontinued as the assembly of the follow-on Ausf. J model had already begun. The H models were delivered by the following manufacturers:

– MAN – from November 1940 - 98 tanks (chassis numbers 66101-66198), Henschel/Wegmann in Mittelfeld-Kassel – from December 1940 r - 66 vehicles (66400-66466),

– Daimler-Benz in Berlin-Marienfelde – from October 1940 - 50 examples (66001-66050),

– MIAG in Braunschweig – from December 1940 r. 72 vehicles (66301-66372).

- w nowe, 50-milimetrowe armaty. Pojazdy z takim uzbrojeniem zaczęły opuszczać hale produkcyjne w lipcu 1940 r. Jak już wspomniano wyżej, ogółem wyprodukowano odpowiednio 435 i 600 tych maszyn, z czego 100 i 550 z „pięćdziesiątką". Z czasem również pojazdy z armatą kal. 37 mm były sukcesywnie przezbrajane.

5 cm KwK L/42 posiadała lufę długości 2100 mm i szybkostrzelność na poziomie 15 strz./min. Kąt ostrzału w płaszczyźnie pionowej wynosił od – 10° do + 20°, w poziomej 360° wraz z obrotem wieży. Sprzężony był z nią karabin maszynowy MG 34. W czołgu przewożono 99 pocisków do armaty. Były to następujące rodzaje:

– odłamkowo–burzące (Sprenggranate 38) o prędkości początkowej 450 m/s i masie 1,823 kg,

– przeciwpancerne (Panzergranate 39) o masie 2,06 kg i prędkości początkowej 685 m/s. Pocisk taki przebijał pancerz o grubości 43 mm z odległości 500 m i 32 mm z 1000 m,

– przeciwpancerne podkalibrowe (Panzergranate 40): masa 0,925 kg, prędkość początkowa 1050 m/s. Pocisk przebijał pancerz 55–milimetrowy z odległości 500 m i 28 mm z 1000 m.

W tabeli nr 1 znajduje się porównanie uzbrojenia stosowanego w czołgach Pz.Kpfw. III. Opis pozostałych dwóch rodzajów armat znajduje się w dalszej części niniejszej monografii.

Tab. 1. Porównanie armat zastosowanych w czołgach Pz.Kpfw. III				
	3,7 cm KwK L/46,5	5 cm KwK L/42	5 cm KwK 39 L/60	7,5 cm KwK 37 L/24
Kaliber:	37 mm	50 mm	50 mm	75 mm
Długość lufy:	1716 mm	2100 mm	3000 mm	1766 mm
Szybkostrzelność:	do 20 strz./ min.	do 15 strz./ min.	do 15 strz./ min.	do 12 strz./ min.
Kąt ostrzału w pionie:	- 10° do + 20°	- 10° do + 20°	- 10° do + 20°	- 8° do + 20°
Kąt ostrzału w poziomie:	360° wraz z wieżą	360° wraz z wieżą	360° wraz z wieżą	360° wraz z wieżą
Zapas amunicji:	121-125 pocisków	99 pocisków	84 pociski	64 pociski

A column of Deutsches Afrika Korps vehicles traveling on Via Balba. Notice Panzer III Ausf. J tanks loaded with ancillary equipment. North Africa, June 1942. [National Digital Archives]

Kolumna pojazdów Deutsches Afrika Korps na drodze Via Balba. Czołgi Panzer III Ausf. J obładowane dodatkowym wyposażeniem. Afryka, czerwiec 1942 r. [Narodowe Archiwum Cyfrowe]

The Panzer III design fully matured with the introduction of the Ausf. E model and, in its general form, remained unchanged throughout the rest of its production run. There were some minor modifications introduced to the tank's design along the way, such as refinements of the running gear, but even those were limited to small changes to the wheels or torsion bars.

In the case of the Pz.Kpfw. III Ausf. H tank, introduction of a new main gun and thicker armor protection increased the vehicle's weight, which in turn necessitated modifications to the suspension system (minor changes to the design of idlers and drive wheels, relocation of the front return roller further forward, strengthening of torsion bars). In general, each side of the vehicle featured six twin road wheels with solid rubber tires (520x95 mm) mounted on torsion bars in such a way that the wheels on the right side were offset to the front by 127 mm in relation to the wheels on the left side. The foremost and rearmost pairs of road wheels featured hydraulic shock absorbers. Drive wheels were mounted in the front and idlers in the back. The three sets of return rollers were also equipped with solid rubber tires (310x70 mm). The tank received new tracks consisting of 93 links (Kgs. 61/400/120) and measuring 400 mm in width.

Combat operations proved that the tank's Achilles' heel was not only insufficient firepower, but also rather inadequate armor protection (rolled steel armor plates measured were between 10 and 30 mm in thickness). While the H model never received factory-installed thicker armor plates, its protection was improved using a different method: 30 mm steel

PZ.KPFW. III (5 CM) AUSF. H (SD.KFZ. 141)

Pierwszą wersją „trójki", w której od samego początku montowano armaty 5 cm KwK L/42 był Pz.Kpfw. III (5 cm) Ausf. H (Sd.Kfz. 141) (7 Serie/Z.W.). Tytułem dygresji wspomnieć należy, że jeszcze przed pojawieniem się wersji Ausf. E, zamówiono następujące ilości czołgów Pz.Kpfw. III: 4 Serie (a więc Ausf. E) - 96 sztuk, 5 Serie (Ausf. F) - 435 pojazdów, 6 Serie (Ausf. G) - 800 maszyn, 7 Serie (a więc opisywany Ausf. H) - 759 czołgów oraz 8 Serie - 440 sztuk (przyszły Ausf. J).

Tymczasem z zamówionych 759 sztuk Pz.Kpfw. III Ausf. H, pomiędzy październikiem 1940 r. a marcem 1941 r. ukończono ogółem 286 maszyn (inne publikacje podają 308, 310 lub 408 sztuk), z dalszej produkcji zrezygnowano z uwagi na rozpoczęcie montażu nowego modelu – Ausf. J. Z powyższej liczby w poszczególnych zakładach zbrojeniowych zbudowano:

– MAN - od listopada 1940 r. 98 czołgów (numery podwozi: 66101-66198),

– Henschel/Wegmann w Mittelfeld-Kassel - od grudnia 1940 r. 66 wozów (66400-66466),

– Daimler-Benz w Berlinie-Marienfelde - od października 1940 r. 50 sztuk (66001-66050),

– MIAG w Braunschweig - od grudnia 1940 r. 72 pojazdy (66301-66372).

Zasadnicza konstrukcja Pz.Kpfw. III ukonstytuowała się wraz z pojawieniem się w służbie modelu Ausf. E i w ogólnych zarysach pozostawała niezmieniona praktycznie przez cały okres ich produkcji. Ewentualnie modyfikacje były niewielkie, jak to było w przypadku układu jezdnego, w którym, w toku

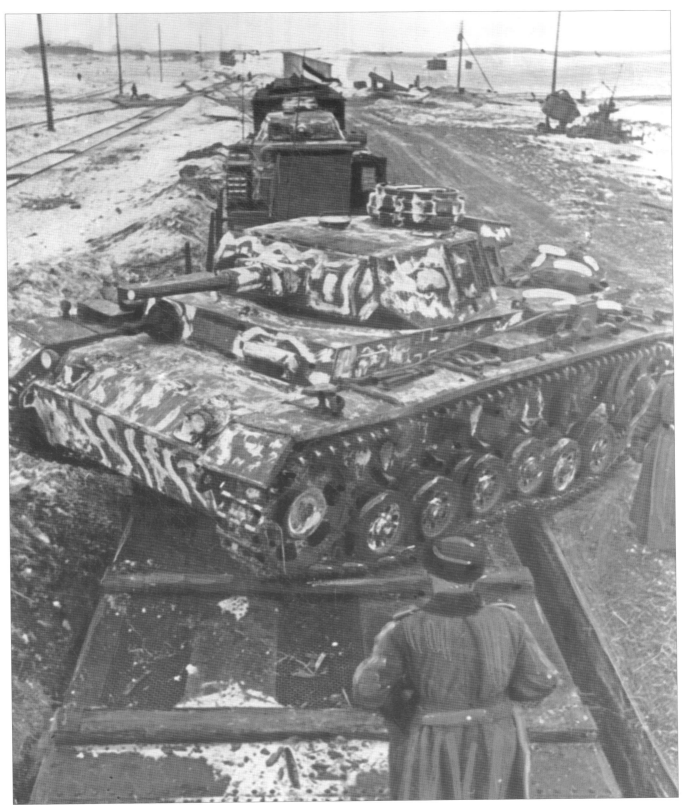

Pz.Kpfw. III Ausf. G armed with the 5 cm KwL L/42 gun. Irregular white patches had been painted over standard Panzergrau camouflage. Eastern Front. [National Digital Archives]

Pz.Kpfw. III Ausf. G uzbrojony w armatę 5 cm KwL L/42. Na standardowy kamuflaż Panzergrau naniesiono nieregularne plamy koloru białego. Front wschodni. [Narodowe Archiwum Cyfrowe]

plates were simply bolted on top of the existing armor. Surfaces to have received such a treatment included front and rear sections of the hull. The "add-on" plates featured cutouts for observation ports and machine gun mounts.

The resulting total armor thickness was therefore as follows:

produkcji poszczególnych odmian, miały miejsce tylko drobne zmiany w konstrukcji kół lub drążków skrętnych.

W przypadku Pz.Kpfw. III Ausf. H zmiana uzbrojenia i pogrubienie pancerza zwiększyły masę czołgu, co z kolei wymusiło przeróbki w zawieszeniu (drobne modyfikacje kół napinających i napędzających, przednia rolka podtrzymująca

In 1944 r. Panzer IIIs were used as training aids by Volkssturm. Here the troops are practicing deploying dummy explosive charges. [National Digital Archives]

W 1944 r. Panzer III wykorzystywane były jako obiekty ćwiczeń volkssturmu - tu żołnierze rzucają atrapy środków wybuchowych [Narodowe Archiwum Cyfrowe]

- driver's front plate – 30 mm + additional 30 mm plate – 9° angle to vertical,
- upper hull front – 30 mm + 30 mm – 52°,
- hull front – 30 mm + 30 mm – 21°,
- lower hull front – 20 mm – 75°,
- glacis – 25 mm – 87°
- sides – 30 mm – 0°,
- top of rear superstructure – 30 mm – 30°,
- mid section of rear superstructure – 30 mm + 30 mm – 10°,
- deck – 16 mm – 90°
- belly – 16 mm – 90°.

Later on the front armor plates were used to stow spare track links, which in fact served as additional protection. Emergency exit hatches were located on each side of the armored hull, above the second and third road wheel.

The glacis featured two hatches with split covers, opening to the front and rear, as well as air scoops for brake and transmission cooling systems. Armored hull was divided into three compartments. The driver sat on the left side of the first compartment. At his disposal was a vision port Fahrersehklappe 30, which was redesigned to accommodate additional armor plates. The port had upper and lower shutter, which could be closed simultaneously. In combat conditions, the driver used Fahreroptik KFF 2 periscope providing 1.15 magnification and a field of view of 50°. In addition, there was a vision port on the left side wall, which was covered by slit plate protected with armored glass.

przesunięta ku przodowi, wzmocnienie drążków skrętnych) w stosunku do poprzednich wersji. Generalnie, po każdej stronie czołgu znajdowało się sześć podwójnych kół jezdnych z gumowymi bandażami (wymiary 520 na 95 mm), zamocowanych na drążkach skrętnych w ten sposób, że po prawej stronie były one wysunięte o 127 mm w przód w stosunku do tych po stronie przeciwnej. Przy pierwszej i ostatniej parze zainstalowano amortyzatory hydrauliczne. Koła napędowe znajdowały się z przodu, napinające z tyłu. Również gumowe bandaże posiadały trzy rolki podtrzymujące gąsienice, o wymiarach 310 na 70 mm. Wprowadzono nowe gąsienice Kgs. 61/400/120 o szerokości 400 mm i 93-ogniwach.

Prócz słabego uzbrojenia, jak wykazały doświadczenia bojowe, „bolączką" załóg był zbyt cienki pancerz ich Pz.Kpfw. III, zbudowany ze spawanych, walcowanych płyt stalowych o grubości od 10 mm do 30 mm. W przypadku omawianego modelu, nie zdążono zmienić grubości płyt pancernych, skoncentrowano się więc na nieco innym rozwiązaniu. Mianowicie zastosowano dodatkowe opancerzenie składające się z płyt pancernych grubości 30 mm, mocowanych za pomocą śrub do właściwego pancerza. Postąpiono tak w przypadku przednich powierzchni kadłuba oraz tylnej części wanny kadłuba. W dodatkowych płytach pancernych robiono wycięcia dla szczeliny obserwacyjnej kierowcy i jarzma karabinu.

Poszczególne płyty pancerne miały więc grubość:
- przednia górna płyta nadbudówki - 30 mm plus dodatkowa płyta 30 mm - nachylone były pod kątem 9° w stosunku do płaszczyzny pionowej,

Pz.Kpfw. III Ausf. L of II. Battalion, 24. Panzer-Regiment, 24. Panzer-Division at the outskirts of Stalingrad in the summer of 1942.
Czołgi Pz.Kpfw. III Ausf. L z II batalionu 24. ppanc 24. DPanc. na przedpolach Stalingradu latem 1942 roku. [via Robert Wróblewski]

Sitting on the driver's right side was the radio operator/gunner manning Funkgerät (FuG) 5 radio set, which included a 10 W SE10u transmitter and "e" type receiver. When the vehicle was in motion, the radio had a range of 3 to 4 km (using telegraph key), or 2 to 3 km for voice communication. The radio's operating range was 27.20 – 33.30 MHz. A two-meter wire antenna was mounted on the right side of the hull. When the radio wasn't in use, the antenna was stowed in a wooden frame located just behind its mounting spot.

In addition to the 5 cm KwK L/42 main gun, the tank was armed with a pair of MG 34 machine guns – one in the hull and one in the turret, coaxial to the main gun. Ammunition supply included 99 gun shells and 3,750 machine gun rounds. Main gun ammunition typically included 36 AP rounds and 58 HE shells. The remaining 5 rounds were op-

– przednia górna płyta 30+30 mm, kąt nachylenia 52°,
– przednia środkowa płyta – 30 mm + 30 mm, nachylenie 21°,
– przednia dolna płyta – 20 mm, nachylenie 75°,
– przednia pozioma płyta kadłuba – 25 mm, nachylenie 87°,
– boki po 30 mm (kąt 0°),
– górna płyta tyłu kadłuba – 30 mm, kąt 30°,
– środkowa część tyłu kadłuba – 30 mm + 30 mm, kąt 10°,
– dolna płyta tyłu kadłuba – 20 mm, nachylenie 65°,
– strop – 16 mm, kąt 90°,
– dno – 16 mm, kąt 90°.

Z czasem na przednich płytach pancernych mocowano fragmenty gąsienic. Prócz oczywistej funkcji elementu zamiennego, spełniały one rolę dodatkowej osłony. Po obu stro-

Pz.Kpfw. III Ausf. L fitted with L/60 gun of 16. Panzer-Grenadier-Division, summer 1942.
Pz.Kpfw. III Ausf. L z działem L/60 z 16. DGrenPanc latem 1942 roku. [via Robert Wróblewski]

Pz.Kpfw. III Ausf. L of 11. Panzer-Regiment, 6. Panzer-Division, in northern France, late summer 1942.
Czołgi Pz.Kpfw. III Ausf. L z 11. ppanc 6. DPanc. w północnej Francji późnym latem 1942 roku. [via Robert Wróblewski]

tional. The tank was equipped with a Turmzielfernrohr (TZF) 5d telescopic gun sight offering x2.5 magnification and a 25 degree field of view. The gun sight was graduated to 1,500 m for AP rounds and machine gun fire and to 3,000 m for HE rounds. In 1942-1943 the vehicles received the 5 cm KwK 39 L/60 with a longer barrel and a second coaxial MG 34 machine gun installed in a Kugelblende 30 mount, just to the right of the main gun, manned by the gunner. The gun had a rate of fire of 900 rpm, could be traversed 15 degrees to each side and elevated between -10 and +20 degrees. It was equipped with a Kugelzielfernrohr (KgZF) 2 telescopic sight providing x1.8 magnification and 18 degree field of view. The gunner used a Sehklappe 30 vision port installed in the superstructure.

A manual six-speed transmission ZF SSG (Synchronisiert Sechs-Gang) 77 (manufactured by Zahnradfabrik Friedrichshafen AG in Friedrichshafen) was installed between the driver's and bow gunner/radio operator's seats. The transmission featured six forward and one reverse gear. Speeds, depending on the gear selection, were as follows:

- 1 – 4,5 km/h,
- 2 – 8.6 km/h,
- 3 – 14.5 km/h,
- 4 – 21.9 km/h,
- 5 – 31.0 km/h,
- 6 – 40.0 km/h,
- reverse – 5.5 km/h.

Providing electrical power for radio, onboard controls, running lights, etc. was a single-wire 12 V electric system supplied by a 300 W Bosch GQL 300/12-900RS 36 generator, or by a pair of 105 Ah lead 12 V batteries.

The mid-section of the hull was the combat compartment, which included manually traversed turret – each turn

nach wanny kadłuba, nad drugim i trzecim kołem jezdnym, znajdowały się zapasowe wyjścia ewakuacyjne.

W pochyłej płycie czołowej kadłuba znajdowały się dwa dwudzielne włazy, otwierane w przód i w tył oraz wloty powietrza do chłodzenia układu hamulcowego i przekładni. Wnętrze kadłuba dzieliło się na trzy przedziały. Po lewej stronie przedziału pierwszego - kierowania, siedział kierowca-mechanik. Dysponował on otworem obserwacyjnym Fahrersehklappe 30, dostosowanym do pogrubionego pancerza, zaopatrzonym w dolną i górną okiennicę, które mogły być zamykane razem. W warunkach bojowych korzystał z peryskopu Fahreroptik KFF 2 o powiększeniu x1,15 i polu widzenia 50°. Ponadto posiadał otwór obserwacyjny na lewej ścianie przedniej części kadłuba, zasłaniany klapką ze szczeliną osłoniętą szkłem kuloodpornym.

Po prawej stronie przedziału znajdowało się stanowisko drugiego członka załogi – strzelca-radiotelegrafisty. Obsługiwał on radiostację nadawczo-odbiorczą Funkgerät (FuG) 5, w skład której wchodził nadajnik typu SE10u o mocy 10 W oraz odbiornik typu „e". Zasięg radiostacji w czasie jazdy wynosił od 3 do 4 km (klucz) i od 2 do 3 km (fonia), częstotliwość pracy wynosiła 27,20-33,30 MHz w zakresie fal ultrakrótkich. Dwumetrową antenę prętową mocowano z prawej strony kadłuba. Gdy nie była potrzebna, przewożono ją w drewnianym stelażu umieszczonym zaraz za nią.

Nie licząc opisanej wcześniej armaty 5 cm KwK L/42, na uzbrojeniu czołgu znajdowały się dwa karabiny maszynowe MG 34 - jeden w kadłubie i jeden w wieży, sprzężony z armatą. Zapas amunicji wynosił 99 pocisków do armaty i 3750 nabojów do karabinów. Wśród tych 99 pocisków znajdowało się 36 przeciwpancernych i 58 burzących - pozostałe 5 było opcjonalnych. Stosowano celownik Turmzielfernrohr (TZF) 5d o powiększeniu x2,5 oraz 25-stopniowym polu widzenia,

Pz.Kpfw. III Ausf. L of 5th company, 8. Panzer-Regiment, 15. Panzer-Division, during campaign in the North Africa, summer 1942.
Pz.Kpfw. III Ausf. L z 5. kompanii 8. ppanc 15. DPanc. podczas walk w Afryce Północnej latem 1942 roku. [via Robert Wróblewski]

of a crank produced 2.2 degrees of turret rotation. If needed, traversing mechanism could be set to 1.5 degrees per turn. Turret armor protection was as follows:

– front – 30 mm at 15°to vertical,
– rounded gun mantlet – 35 mm,
– sides – 30 mm, at 25°,
– curved rear – 30 mm, at 10°,
– deck – 10 mm, at 90° and 83°.

The turret accommodated three crew members: gunner (on the left side, slightly towards the front), commander (behind the gunner) and loader (on the right hand side). Compared to previous marks of the tank, the H model's turret had a slightly different shape featuring a single armor plate in the rear. The turret didn't have a cut-out for an additional piece of armor above which the cupola was mounted. The cupola was protected by a 30 mm armor and featured 12 mm vision ports

wyskalowany na odległość 1500 m dla pocisków przeciwpancernych i amunicji karabinowej, oraz 3000 m dla pocisków burzących. W latach 1942-1943 pojazdy przezbrojono w armatę 5 cm KwK 39 L/60 o dłuższej lufie. Drugi karabin maszynowy MG 34 kal. 7,92 mm umieszczony był w jarzmie Kugelblende 30 po prawej stronie kadłuba, zaś obsługiwał go strzelec. Broń ta miała szybkostrzelność ok. 900 strz./min. i mogła wychylać się na boki po 15°, zaś w płaszczyźnie pionowej w zakresie od - 10° do + 20°. Stosowano celownik Kugelzielfernrohr (KgZF) 2 o powiększeniu x1,8 oraz osiemnastostopniowym polu widzenia. Strzelec dysponował otworem obserwacyjnym Sehklappe 30 wyciętym w nadbudówce po jego stronie kadłuba.

Pomiędzy stanowiskami obu członków załogi ulokowana była zsynchronizowana skrzynia przekładniowa firmy Zahnradfabrik Friedrichshafen AG z Friedrichshafen typu ZF SSG (Synchronisiert Sechs-Gang) 77 o sześciu biegach do jazdy

Pz.Kpfw. III Ausf. L of 4. Panzer-Regiment, 13. Panzer-Division, captured by Russians at Maykop in autumn 1942.
Czołgi Pz.Kpfw. III Ausf. L z 4. ppanc 13. DPanc. zdobyte przez wojska radzieckie pod Majkopem jesienią 1942 roku.

Pz.Kpfw. III Ausf. L coded „815" of III. Battalion, 15. Panzer-Regiment, 11. Panzer-Division. The III Batalion consisted of 7th, 8th and 9th companies. Kursk area, July 1943.

Pz.Kpfw. III Ausf. L numer 815 z III batalionu 15. ppanc 11. DPanc.. III batalion posiadał trzy kompanie o numerach 7, 8, 9. Kursk, lipiec 1943 roku. [via Robert Wróblewski]

protected by armored glass. On top of the cupola was a two-piece hatch cover. Gun loader and gunner used side hatches on either side of the turret with hand-holds mounted just above them to facilitate entry and exit. There were also vision ports on the turret's sides, as well as in the hatches. Two additional gun ports were located in the turret's rear plate. The turret's base featured an angle plate protecting ball bearing race and

w przód oraz jednym wstecznym. Prędkości przedstawiały się następująco:

- 1 – 4,5 km/h,
- 2 – 8,6 km/h,
- 3 – 14,5 km/h,
- 4 – 21,9 km/h,
- 5 – 31,0 km/h,

Pz.Bef.Wg. III Ausf. K coded "R02" was the mount of adjutant of 25. Panzer-Regiment, 7. Panzer-Division. Kursk area, 1943.

Pz.Bef.Wg. III Ausf. K numer R02 adjutanta 25. ppanc z 7. DPanc.. Kursk, 1943 rok. [Crow]

Pz.Kpfw. III Ausf. L coded "123" of Panzer-Abteilung 300 (FunklenkPanzer) in the summer of 1942, during the battle of Sevastopol.
Pz.Kpfw. III Ausf. L numer 123 z 300. bcz (Funklenkpanzer) latem 1942 roku w czasie walk o Sewastopol. [via Robert Wróblewski]

traversing mechanism from being stuck as a result of a hit. The rear of the turret saw stowage boxes for ancillary equipment, known as Gepäckkasten or Rommelkasten, which were first introduced in the Ausf. F model. A ventilation fan was located in the front section of the turret's deck, slightly to the left.

The tank was powered by a 12-cylinder, 11,900 cm³, liquid-cooled Maybach HL 120 TRM engine delivering 285 hp at 2,800 rpm. The engine was located in the rearmost compartment, separated from the rest of the hull by a firewall. The firewall featured hatches, which allowed access to engine components. Pz.Kpfw. III carried 320 l of fuel in a tank installed on the right hand side of the engine. The tank had a range of 165 km (on open road) or 95 km in off-road conditions. Maximum speed was 40 km/h, or 15 km/h in cross country operation. Coolant radiator and fan were placed on either side of the engine.

Square air intakes and exhausts providing air circulation over the engine were placed on both sides of the engine compartment, as well as on the deck. In addition, the deck plate of the engine compartment featured vented covers increasing airflow over the engine. Track covers provided room for a Notek light and stowage boxes for basic tools (axe, spade, wire cutters), as well as spare road wheels. The glacis was equipped with towing hooks. Similar hooks were installed on the rear plate, which is also where the engine crank was stowed. The tank's deck plate featured a rack with five smoke grenades, while a towing cable was stowed on top of the engine deck plate.

Tanks deployed to Africa (Pz.Kpfw. III Ausf. H(Tp)) were fitted with additional air filters and featured improved engine compartment ventilation system and more efficient engine cooling. In theory, those modifications were supposed to guarantee trouble-free operation in temperatures of up to 42° C.

– 6 – 40,0 km/h,
– wsteczny – 5,5 km/h.

Do zasilania radiostacji, lampek sygnalizacyjnych, reflektorów, świateł pozycyjnych i in. służyła jednoprzewodowa instalacja elektryczna o napięciu znamionowym 12 V pobierającej prąd z prądnicy Bosch GQL 300/12-900RS 36 o mocy 300 W lub z dwóch akumulatorów ołowiowych o napięciu 12 V i pojemności 105 Ah.

Środkowa część kadłuba to przedział bojowy wraz z ręcznie obracaną wieżą - każdy obrót pokrętła powodował obrót wieży o 2,2°. W razie potrzeby możliwe było przestawienie skali obrotu na 1,5°. Grubości poszczególnych płyt przedstawiały się następująco:

– płyta przednia – 30 mm przy kącie nachylenia w stosunku do pionu wynoszącym 15°,
– zaokrąglona osłona jarzma liczyła 35 mm grubości,
– boki po 30 mm, kąt 25°,
– zaokrąglona płyta tylna – 30 mm, kąt nachylenia 10°,
– dach – 10 mm, nachylenie pod kątem 90° i 83°.

Wieża mieściła stanowiska celowniczego (po lewej stronie, nieco z przodu), dowódcy (za celowniczym) oraz ładowniczego (po stronie prawej). Zmienił się przy tym jej kształt w stosunku do poprzednich wersji - zastosowano w niej jednoczęściową, tylną płytę pancerną. Nie posiadała ona wycięcia pod fragment innej płyty, nad którą montowano wieżyczkę dowódcy. Ta ostatnia posiadała pancerz grubości 30 mm, ze szczelinami obserwacyjnymi osłoniętymi 12-milimetrowym szkłem pancernym. W niej znajdował się dwudzielny właz. Ładowniczy i celowniczy dysponowali dwuczęściowymi drzwiami w bocznych ścianach wieży – nad nimi, w dachu, mocowano uchwyty pomagające załodze we wsiadaniu i opuszczaniu czołgu. Możliwości obserwacyjne

Pz.Kpfw. III Ausf. L of 2. Panzer-Regiment, 16. Panzer-Division during battles at the great bend of the Don River, summer 1942.
Pz.Kpfw. III Ausf. L z 2. ppanc 16. DPanc. podczas walk w łuku Donu latem 1942 roku. [via Robert Wróblewski]

Tanks of 2. Panzer-Regiment, 16. Panzer-Division crossing the Don river, summer 1942. In the foreground Pz.Kpfw. III Ausf. L.
Przeprawa czołgów 2. ppanc 16. DPanc. przez Don latem 1942 roku. Na pierwszym planie Pz.Kpfw. III Ausf. L. [via Robert Wróblewski]

PZ.KPFW. III (5 CM) AUSF. J (SD.KFZ. 141)

In February 1941 Hitler found out that his orders to arm Pz.Kpfw. III with the 5 cm KwK 39 L/60 main gun had been ignored. During a meeting convened on February 18 to discuss the development of armored weapons, he once again demanded that all new tank types currently in production

poszerzały szczeliny obserwacyjne w drzwiach i w ścianach wieży przed drzwiami. W tylnej ścianie znajdowały się dwa otwory strzeleckie przesłaniane klapkami. Podstawa wieży otrzymała osłonę w postaci kątownika, chroniącą jej łożyska przed zaklinowaniem po trafieniu pociskiem. Z tyłu wieży montowano zasobniki na dodatkowe wyposażenie Gepäckkasten, zwane również Rommelkasten, które pojawiły się po

Pz.Kpfw. III Ausf. L command vehicles of regimental staff 11. Panzer-Regiment, 6. Panzer-Division, during the attempt to break the encirclement of the German Sixth Army at Stalingrad. The photograph was taken on 12th December 1942.

Czołgi Pz.Kpfw. III Ausf. L w wersji dowodzenia ze sztabu 11. ppanc 6. DPanc. podczas walk o przedarcie się do okrążonych wojsk 6. Armii pod Stalingradem. Zdjęcie wykonano 12 grudnia 1942 roku. [via Robert Wróblewski]

should be equipped with a 50 mm main gun and that all vehicles already in service should have that weapon retrofitted during scheduled maintenance. Of those present in the meeting only Alkett's Paul Panten believed Hitler's idea was feasible. As a result, Alkett received a contract to develop a prototype of the new tank, as well as Pz.Kpfw. IV featuring the same main gun. A month later, on March 19, Hitler was invited to inspect the new tank prototype at Alkett. Happy with what he saw, Hitler ordered the tank into a full-scale production, immediately after the test program had been completed. Inevitably, tests and preparations for a full-scale production took time, so the 779 vehicles produced between March 1941 and January 1942 (with the original order for 8 Serie/Z.W. vehicles standing at 440 examples) still featured the 5 cm KwK L/42 main gun. The tanks, designated Pz.Kpfw. III (5 cm) Ausf. J (Sd.Kfz. 141) (8 Serie/Z.W.), were produced by:

Daimler-Benz (134 examples, chassis numbers 68001-68134, manufactured from March to September 1941),

– MAN – between March and September 1941. 133 vehicles, 68201–68333,

– MIAG – 133 tanks built between April and September 1941 r 68401–68533,

– MNH – from March to August 1941, 100 examples, 68601–68700,

– Henschel & Wegmann – between March 1941 and January 1942, 279 vehicles, 68701–68979.

However, as soon as Operation Barbarossa got underway, it became clear that Pz.Kpfw. III tanks, even those equipped with the 5 cm KwK L/42 gun, were inferior to Soviet T-34 and

raz pierwszy w modelu Ausf. F. Z przodu dachu wieży, nieco na lewo, umieszczony był wentylator.

Czołg napędzany był chłodzonym cieczą, dwunastocylindrowym silnikiem Maybach HL 120 TRM o mocy 285 KM przy 2800 obr./min. i pojemności 11900 cm^3, który ulokowany był w ostatnim przedziale, oddzielonym od bojowego przegrodą ogniotrwałą. W przegrodzie znajdowały się włazy umożliwiające dostęp do elementów oprzyrządowania silnika. Pz.Kpfw. III mógł przewozić zapas paliwa liczący 320 l w zbiorniku po prawej stronie silnika. Zasięg Panzer III wynosił ok. 165 km po drogach bitych i 95 km w terenie, z kolei szybkość maksymalna - 40 km/h, prędkość w terenie dochodziła do 15 km/h. Po obu stronach jednostki napędowej umiejscowione były chłodnica i wentylator.

Na bokach pancerza chroniącego przedział silnikowy oraz na płycie tylnej znajdowały się prostokątne wloty i wyloty powietrza chłodzącego silnik. W lukach na płycie nadsilnikowej, znajdowały się żaluzje wspomagające chłodzenie i wymianę powietrza w przedziale. Na błotnikach mocowano światło Notek, narzędzia saperskie (siekiera, łom, łopata, nożyce do cięcia drutu) i zapasowe koła jezdne. Na płycie czołowej umieszczono haki holownicze. Zaczepy znajdowały się również z tyłu kadłuba, tam też przewożono korbę rozruchową. Na tylnym pancerzu umieszczano tzw. „koszyczek" z pięcioma świecami dymnymi, zaś na górnej płycie osłony przedziału silnikowego linę holowniczą.

Pojazdy wysyłane do Afryki – Pz.Kpfw. III Ausf. H(Tp) — wyposażane były w dodatkowe filtry powietrza i ulepszony system wentylacji przedziału silnikowego oraz system chło-

Pz.Kpfw. III Ausf. L command vehicle of Oberst von Hünersdorf (pictured), the commander of 11. Panzer-Regiment, mid-December 1942.

Pz.Kpfw. III Ausf. L w wersji dowodzenia, dowódcy 11. ppanc pułkownika von Hünersdorfa (na zdjęciu) w połowie grudnia 1942 roku. [via Robert Wróblewski]

KV vehicles. At long last, in December 1941, full-scale production was launched of Panzer III tanks armed with the 5 cm KwK 39 L/60 gun, although supply shortages meant that some of the vehicles were still fitted with the old 5 cm KwK L/42 main gun. Production of the second series of Pz.Kpfw. III Ausf. J tanks with the new gun totaled 823 examples manufactured by:

– Daimler-Benz – between September 1941 and March 1942. 113 tanks, chassis numbers 72001 - 72208,

– MAN - 152 vehicles produced between March 1941 and March 1942, 72401-72634,

– MIAG - 113 tanks manufactured between March 1941 and March 1942, 72801-73027,

– MNH – 154 examples delivered between August 1941 and March 1942, 73201-73387,

– Henschel & Wegmann - 167 tanks built between January and May 1942, 73601-73767,

– Alkett in Spandau and Falkense – 124 vehicle manufactured between April 1941 and February 1942, 73901-74069.

In total, 1,602 Ausf. J tanks were manufactured.

The new version had a slightly longer rear hull section to better accommodate the tow hooks, which increased the vehicle's length from 5,380 mm to 5,495 mm. The hull's front section received redesigned inspection hatches. Similarly to the Ausf. H models, the tanks deployed to Africa (Pz.Kpfw. III Ausf. J (Tp)) received additional air filters and improved cooling/ventilation systems.

Ausf. J vehicles featured thicker, 50 mm armor protecting the front and rear of the tank and the gun mantlet, while the side plates and turret armor remained unchanged

dzenia. Według założeń ten ostatni miał sobie radzić z temperaturą dochodzącą do 42° C.

PZ.KPFW. III (5 CM) AUSF. J (SD.KFZ. 141)

W lutym 1941 r. Hitler dowiedział się, że nie spełniono jego zaleceń związanych z wprowadzeniem na uzbrojenie Pz.Kpfw. III armat 5 cm KwK 39 L/60. Na konferencji zorganizowanej w dniu 18 lutego w sprawie broni pancernej powtórzył swoje żądania przezbrojenia w te armaty zarówno nowych czołgów, jak i pojazdów już zbudowanych, a odbywających remont. Jedynym z obecnych, który twierdził, że jest to możliwe był dyrektor zakładów Alkett - inż. Paul Panten. W związku z tym Hitler zamówił u niego prototypowy czołg (oraz Pz.Kpfw. IV z taką samą armatą). Modelowa „trójka" z nowym uzbrojeniem została mu zaprezentowana miesiąc później - 19 marca w zakładach Alkett. Hitler nakazał podjęcie produkcji nowego czołgu jak tylko przeprowadzone zostaną próby techniczne. Oczywiście musiało się to odwlec w czasie, dlatego też od marca 1941 r. do stycznia 1942 r. wyprodukowano 779 wozów nowej wersji (dla przypomnienia - początkowe zamówienie na czołgi 8 Serie/Z.W. opiewało na 440 maszyn), ale uzbrojonych jeszcze w dotychczasową armatę 5 cm KwK L/42. Nazwano je Pz.Kpfw. III (5 cm) Ausf. J (Sd.Kfz. 141) (8 Serie/Z.W.). Pojazdy budowane były przez firmy:

– Daimler–Benz (134 sztuki o numerach podwozi w zakresie 68001–68134, produkowane od marca do września 1941 r.),

– MAN – od marca do września 1941 r. 133 egzemplarze, numery 68201–68333,

– MIAG – 133 maszyny od kwietnia do września 1941 r., 68401–68533,

Column of Pz.Kpfw. III Ausf. L of 7. Panzer-Regiment, 10. Panzer-Division in Tunisia, December 1942.
Kolumna czołgów Pz.Kpfw. III Ausf. L z 7. ppanc 10. DPanc. w Tunezji w grudniu 1942 roku. [via Robert Wróblewski]

(30 mm). Detailed arrangement of the tank's armor was as follows:

- upper front superstructure plate – 50 mm, angled at 9° to vertical,
- hull front – 50 mm, 22°,
- lower hull front – 30 mm, 74°,
- upper hull front – 50 mm, 54°,
- glacis – 25 mm, 84°,
- sides – 30 mm, 0°,
- upper hull rear – 50 mm, 16°,
- rear – 50 mm, 10°,
- lower hull rear – 50 mm, 67°,
- deck – 16 mm, 90°,
- belly – 16 mm, 90°.

Turret's armor was as follows:

- front – 30 mm anglet at 15° to vertical,
- rounded gun mantlet – 50 mm,
- sides – 30 mm, 25°,
- curved rear plate – 30 mm, 10°,
- deck – 10 mm, 90° and 85°.

Similarly to the H model, commander's cupola featured 30 mm armor. The tank was also equipped with a new driver's vision port (Fahrersehhklappe 50) and a twin-lens periscope KFF 2, which provided a 65 degree field of vision, but no magnification. The bow-mounted MG 34 machine gun received a new ball mount – Kugelblende 50. The mount allowed the gun to be moved up or down from – 10° to + 20°, and 15°side to side.

From March/April 1942 the tanks were equipped with Vorpanzer (spaced armor), i.e. additional armor plates mounted a few centimeters from the main armor. If the tank received a direct hit from a HEAT round, some of the jet's energy would have been dispersed before reaching the main armor. Installation of additional armor consisted in bolting 20 mm Vorpanzer plate to the superstructure front using 10 cm supports to provide spacing from main armor. Another rounded

– MNH (od marca do sierpnia 1941 r. 100 pojazdów, numery od 68601 do 68700),

– Henschel & Wegmann – od marca 1941 r. do stycznia 1942 r. 279 czołgów, 68701–68979).

Tymczasem wkrótce po rozpoczęciu agresji na ZSRS okazało się, że Pz.Kpfw. III, nawet przezbrojone w armaty 5 cm KwK L/42, nie są w stanie sprostać sowieckim czołgom średnim T-34 i KW. Wreszcie w grudniu 1941 r. rozpoczęto produkcję seryjną czołgów z armatami 5 cm KwK 39 L/60. Niedostatek armat sprawił jednak, że część produkowanych maszyn uzbrojona była jeszcze w 5 cm KwK L/42. Produkcja drugiej serii Pz.Kpfw. III Ausf. J z taką armatą zakończyła się na 823 maszynach, wyglądała zaś następująco:

– Daimler-Benz – od września 1941 r. do marca 1942 r. 113 sztuk, numery podwozi w zakresie od 72001 do 72208,

– MAN – 152 egzemplarze od września 1941 r. do marca 1942 r., 72401–72634,

– MIAG (od września 1941 r. do marca 1942 r. 113 maszyn, 72801–73027),

– MNH (od sierpnia 1941 r. do marca 1942 r. – 154 pojazdy, 73201–73387),

– Henschel & Wegmann – 167 czołgów od stycznia do maja 1942 r., 73601–73767,

– Alkett w Spandau i Falkense – od kwietnia 1941 r. do lutego 1942 r. 124 wozy o numerach w zakresie 73901–74069.

Tak więc ogólna ilość wyprodukowanych maszyn tej wersji wyniosła 1602 sztuki.

Jeśli chodzi o dodatkowe zmiany konstrukcyjne, w celu łatwiejszego rozmieszczenia zaczepów holowniczych wydłużeniu uległa tylna część kadłuba Pz.Kpfw. III Ausf. J, w związku z czym długość czołgu wzrosła z 5380 mm do 5495 mm Z przodu kadłuba zamocowano jednoczęściowe włazy inspekcyjne nowego typu. Podobnie jak w przypadku wersji Ausf. H, pojazdy walczące w Afryce - Pz.Kpfw. III Ausf. J(Tp) - otrzymały dodatkowe filtry powietrza oraz ulepszone systemy wentylacji i chłodzenia.

Pz.Kpfw. III Ausf. L of 7. Panzer-Regiment, 10. Panzer-Division knocked out in Tunisia in early 1943.
Pz.Kpfw. III Ausf. L z 7. ppanc 10. DPanc. zniszczony w Tunezji na początku 1943 roku. [via Robert Wróblewski]

20 mm Vorpanzer plate was bolted to turret front at 14 cm distance from the main armor and gun mantlet and supported by 10 mm thick brackets, which created a protective "box".

PZ.KPFW. III (5 CM KWK 39 L/60) AUSF. L (SD.KFZ. 141/1)

As mentioned earlier, full-scale production of Pz.Kpfw. III Ausf. J tanks armed with the 5 cm KwK 39 L/60 main gun was launched in December 1941 and continued in parallel with production of vehicles still fitted with the older 5 cm KwK L/42 gun. In April/March 1942 the tanks equipped with a new gun received designation Pz.Kpfw. III (5 cm KwK 39 L/60) Ausf. L (Sd. Kfz. 141/1). Those vehicles were manufactured in three production series, with the first consisting of 951 tanks delivered by:

– Daimler-Benz – between December 1941 and June 1942 - 212 tanks, chassis numbers 72083 - 72325,

Czołgi tej wersji posiadały już pogrubiony do 50 mm pancerz przedni i tylny kadłuba oraz osłonę jarzma, podczas gdy jego boczne płyty kadłuba oraz opancerzenie wieży pozostały bez zmian (30 mm). W szczegółach opancerzenie wyglądało następująco:

– przednia górna płyta nadbudówki – 50 mm, nachylona pod kątem 9° w stosunku do płaszczyzny pionowej,
– przednia środkowa płyta – 50 mm, nachylenie 22°,
– przednia dolna płyta – 30 mm, nachylenie 74°,
– przednia górna płyta 50 mm, kąt nachylenia 54°,
– przednia pozioma płyta kadłuba – 25 mm, nachylenie 84°,
– boki po 30 mm (kąt 0°),
– tylna górna płyta kadłuba – 50 mm, nachylenie 16°,
– tylna środkowa płyta – 50 mm, kąt 10°,
– dolna płyta tyłu kadłuba – 50 mm, nachylenie 67°,
– strop – 16 mm, kąt 90°,

Tanks of 12. Panzer-Division. To the left Pz.Kpfw. IV Ausf. H coded "801", in the center Pz.Kpfw. III Ausf. L, to the right Pz.Kpfw. III Ausf. M.
Czołgi 12. DPanc. Z lewej Pz.Kpfw. IV Ausf. Ausf. H numer 801, w środku Pz.Kpfw. III Ausf. L, z prawej Pz.Kpfw. III Ausf. M. [via Robert Wróblewski]

– MAN – from December 1941 to May 1942 - 173 examples, 72507 - 72725,

– MIAG - from December 1941 to May 1942 - 212 vehicles, 72874-73125,

– MNH - 171 machines delivered between December 1941 and June 1942, 73285-73525,

– Henschel - 107 tanks manufactured between May and August 1942, 73768-73900,

– Alkett – 76 vehicles produced between December 1941 and March 1942, 74013 - 74100.

Since the tanks were produced concurrently with the vehicles equipped with the 5 cm KwK L/42 main gun, their chassis numbers were in the same series as the Pz.Kpfw. III Ausf. J. The second production series of the Ausf. L models included 501 vehicles manufactured by:

– dno – 16 mm, kąt 90°.

Jeśli chodzi o wieżę, grubości jej płyt pancernych przedstawiała jak poniżej:

– płyta przednia – 30 mm przy kącie nachylenia w stosunku do pionu wynoszącym 15°,

– zaokrąglona osłona jarzma – 50 mm grubości,

– boki po 30 mm, kąt 25°,

– zaokrąglona płyta tylna 30 mm, kąt nachylenia 10°,

– dach – 10 mm, nachylenie pod kątem 90° i 85°.

Podobnie jak w przypadku wersji Ausf. H, grubość opancerzenia wieżyczki dowódcy wynosiła 30 mm. Przy okazji grubszego opancerzenia, na wyposażenie wprowadzono nowy wizjer kierowcy - Fahrersehklappe 50 z dwuobiektywowym peryskopem KFF 2 o 65-stopniowym polu widzenia (ale bez możliwości powiększenia), a dla kadłubowego ka-

Pz.Kpfw. III Ausf. L of 7th company, 7. Panzer-Regiment, 10. Panzer-Division in Tunisia, early 1943.
Pz.Kpfw. III Ausf. L z 7. kompanii 7. ppanc 10. DPanc. w Tunezji na początku 1943 roku. [via Robert Wróblewski]

Another Pz.Kpfw. III Ausf. L of 7th company, 7. Panzer-Regiment, 10. Panzer-Division in Tunisia, early 1943.
Inny pojazd Pz.Kpfw. III Ausf. L z 7. kompanii 7. ppanc 10. DPanc. w Tunezji na początku 1943 roku. [via Robert Wróblewski]

– Alkett – 150 examples delivered between March and October 1942, chassis numbers 74101 - 74250,

– Daimler-Benz – 20 vehicles, including 10 produced in June and July 1942 (74340-74350) and 10 delivered in August and September 1942 (75221-75230),

Pz.Kpfw. III Ausf. L coded "511" of 15. Panzer-Regiment in a very distinctive camouflage scheme. The base coat of gray was overpainted with large splotches of yellow color and the resulting streaks of gray were accentuated with green. Kursk area, July 1943.

Pz.Kpfw. III Ausf. L numer 511 z 15. ppanc. Pojazd posiada bardzo charakterystyczne malowanie. Na pierwotny kolor szary nałożono żółty kamuflaż w postaci dużych plam. Powstałe w ten sposób szare pręgi zostały podmalowane zieloną farbą. Kursk, lipiec 1943 roku. [via Robert Wróblewski]

rabinu maszynowego nowe jarzmo kuliste Kugelblende 50. Umieszczony w nim MG 34 mógł poruszać się w płaszczyźnie pionowej w zakresie od – 10° do + 20°, zaś w poziomie po 15° w obie strony.

Od marca/kwietnia 1942 r. w czołgach tego typu stosowano tzw. Vorpanzer. Były to dodatkowe płyty pancerne mocowane w kilkucentymetrowej odległości od właściwego pancerza. Po uderzeniu w niego pocisku kumulacyjnego, strumień kumulacyjny rozpraszał się przed trafieniem właściwego pancerza. Pierwszą taką płytę o grubości 20 mm montowano za pomocą uchwytów w 10-centymetrowym oddaleniu od przedniej płyty kadłuba, zaś kolejną 20-milimetrową, zaokrągloną, mocowano w odległości 14 cm od osłony jarzma na blachach grubości 10 mm, tworzących razem rodzaj zamkniętego „pudełka".

PZ.KPFW. III (5 CM KWK 39 L/60) AUSF. L (SD.KFZ. 141/1)

Jak już wspomniano, w grudniu 1941 r. rozpoczęto produkcję seryjną czołgów Pz.Kpfw. III Ausf. J z armatami 5 cm KwK 39 L/60 i prowadzono ją równolegle z produkcją pojazdów uzbrojonych w starsze 5 cm KwK L/42. Na przełomie marca i kwietnia 1942 r. postanowiono o zmianie nazwy nowych czołgów na Pz.Kpfw. III (5 cm KwK 39 L/60) Ausf. L (Sd.Kfz. 141/1). Wytwarzano je w trzech seriach produkcyjnych, z których pierwsza liczyła 951 maszyn. Produkowały je zakłady:

– Daimler–Benz – od grudnia 1941 r. do czerwca 1942 r. – 212 czołgów o numerach podwozi w zakresie od 72083 do 72325,

– MAN (od grudnia 1941 r. do maja 1942 r., 173 pojazdy o numerach od 72507 do 72725),

– MIAG – od grudnia 1941 r. do maja 1942 r. – 212 wozów, 72874–73125),

Pz.Kpfw. III Ausf. L coded "3" of 8. Panzer-Regiment, 15. Panzer-Division in the North Africa.
Pz.Kpfw. III Ausf. L numer 3 z 8. ppanc 15. DPanc.. Afryka. [Crow]

– MAN – 180 examples manufactured between May and October 1942, 74351 - 774530,

– MIAG – 92 tanks produced between May and September 1942, 74601-74850,

– MNH – 20 machines manufactured between July and October 1942, 74851-75000,

– Henschel - 39 examples delivered between August and September 1942, 75237-75370.

The final production series saw deliveries of 18 Pz.Kpfw. III Ausf. L tanks (chassis numbers 76361 – 76378) built by MIAG. In total, 1,470 Ausf. L vehicles were manufactured.

The tank's main gun was the 5 cm KwK 39 L/60 weapon with the barrel measuring 300 cm in length. The gun's rate of fire was 15 rpm. It could be elevated from – 10° to + 20° and traversed the complete 360°. The Ausf. L carried 84 rounds of ammunition (50 HE and 34 AP shells), compared to a supply of 99 rounds in earlier models. Supply of machine gun ammunition remained unchanged (3,750 rounds). The tank was equipped with the TZF 5e telescopic sight with a x2.5 magnification and a 25 degree field of view. It was graduated to 1,200 m for the machine gun, 1,500 m for AP rounds and 3,000 m for HE shells.

The 5 cm KwK 39 L/60 used the following types of ammunition:

– HE rounds (Sprenggranate 38) – muzzle velocity 550 m/s, shell weight 1.82 kg,

– AP rounds Panzergranate 39) – muzzle velocity 835 m/s, weight 2.06 kg. The rounds could penetrate 59 mm armor from a range of 500 m and 47 mm armor from 1,000 m,

– APCR rounds (Panzergranate 40) weighing in at 0.92 and 1.07 kg with muzzle velocity of 1,190 and 1,130 m/s, respectively. The rounds could penetrate 70 – 72 mm armor from 500 m or 38 – 42 mm of armor from 1,000 m.

– MNH – 171 pojazdów od grudnia 1941 r. do czerwca 1942 r., 73285–73525),

– Henschel (107 czołgów od maja do sierpnia 1942 r., 73768–73900),

– Alkett – od grudnia 1941 r. do marca 1942 r. 76 maszyn o numerach od 74013 do 74100.

Ponieważ produkowano je równolegle z pojazdami uzbrojonymi w 5 cm KwK L/42, numery seryjne tej serii zawierały się w tych samych przedziałach jak w przypadku Pz.Kpfw. III Ausf. J. W budowie drugiej serii Ausf. L, liczącej 501 maszyn, uczestniczyły zakłady:

– Alkett – od marca do października 1942 r. wyprodukowano tam 150 czołgów, numery od 74101 do 74250,

– Daimler–Benz – 20 sztuk, z czego 10 w czerwcu i lipcu 1942 r. (74340–74350) i 10 w sierpniu i wrześniu tego roku (75221–75230),

– MAN – od maja do października 1942 r., 180 wozów o numerach od 74351 do 774530,

– MIAG – od maja do września 1942 r. wyprodukowały 92 czołgi, 74601–74850,

– MNH (20 pojazdów od lipca do października 1942 r., 74851–75000),

– Henschel – 39 czołgów od sierpnia do września 1942 r., 75237–75370.

W ostatniej serii powstało 18 Pz.Kpfw. III Ausf. L o numerach od 76361 do 76378, które zostały zbudowane przez zakłady MIAG. Ogólna ilość wyprodukowanych czołgów tej wersji wyniosła 1470 sztuk.

Główne uzbrojenie czołgu stanowiła armata 5 cm KwK 39 L/60 o lufie długości 60 kalibrów (300 cm) oraz szybkostrzelności dochodzącej do 15 strz./min. Mogła się przemieszczać w pionie w zakresie od – 10° do + 20°, zaś w poziomie 360°, wraz z obrotem wieży. W wersji Ausf. L zmniejszyła się z 99 do

Pz.Kpfw. III Ausf. L of an unidentified unit.
Niezidentyfikowany Pz.Kpfw. III Ausf. L. [Crow]

The new tanks also featured 20 mm spaced armor (Vorpanzer) on the superstructure front and around the gun mantle, although some vehicles had only one of those two elements installed. The turrets no longer sported vision

84 ilość zapasowych pocisków (w tym 50 burzących i 34 przeciwpancerne). Stan amunicji karabinowej pozostał bez zmian (3750 nabojów). Stosowano celownik TZF 5e o 2,5-krotnym przybliżeniu i 25-stopniowym polu widzenia. Wyskalowany

Details of Pz.Kpfw. III Ausf. L gun mantlet (front armor plate is missing) destroyed in Africa.
Szczegóły osłony jarzma działa (bez przedniej płyty pancernej) zniszczonego w Afryce Pz.Kpfw. III Ausf. L. [via Robert Wróblewski]

ports on the side walls, just forward of the access hatches. Other vision ports that disappeared included one next to gun loader's seat, in the gun mantlet and ports in the turret's rear wall. In time, emergency escape hatches in the hull were also dropped. Other modifications included air intakes and hatches allowing access into the engine compartment. The Ausf. L tanks also received a mount for an AA gun (Fliegerbeschussgerat 41 or 42) on top of the cupola. Some of the vehicles saw removal of the turret base protection, since upper parts of the front spaced armor extended above the deck armor, thus providing a similar degree of protection of the turret.

PZ.KPFW. III AUSF. K

In 1941 Krupp received an order from the Waffenamt to develop a new type of armored vehicle featuring a combination of the Pz.Kpfw. III Ausf. J chassis and the Pz.Kpfw. IV Ausf. G turret fitted with the long-barrel 7.5 cm KwK 40 L/43 main gun. The result was supposed to be a new version of the Panzer III designated Pz.Kpfw. III Ausf. K. Unfortunately, a host of technical issues (mainly problems with maintaining acceptable location of the vehicle's center of gravity and increased weight) led to the discontinuation of work on the project.

Nonetheless, between December 1942 and February 1943 Deimler-Benz manufactured 50 vehicle with chassis numbers 70201 – 70250 (these numbers would be indicative of the Ausf. J models), which featured enlarged diameter turret adopted from the Pz.Kpfw. IV Ausf. E, but armed with the 5 cm KwK 39 L/60 main gun. The tanks were built as command vehicles designated Panzerbefehlswagen III mit 5 cm KwK 39 L/60, but also known as Panzerbefehlswagen III Ausf. K.

był na odległość 1200 m na karabinu maszynowego, 1500 m dla pocisków przeciwpancernych i 3000 m dla burzących.

Armata 5 cm KwK 39 L/60 strzelała pociskami:

– odłamkowo–burzącymi (Sprenggranate 38) o prędkości początkowej 550 m/s i masie 1,82 kg,

– przeciwpancernymi (Panzergranate 39) o masie 2,06 kg i prędkości początkowej 835 m/s. Pociski te przebijały pancerz o grubości 59 mm z odległości 500 m i 47 mm z 1000 m,

– przeciwpancernymi podkalibrowymi (Panzergranate 40) o masie 0,92 i 1,07 kg oraz prędkości początkowej odpowiednio 1190 i 1130 m/s. Przebijały pancerz grubości 70–72 mm z odległości 500 m i 38–42 mm z 1000 m.

W nowych czołgach montowano wspomniany już 20-milimetrowy pancerz przestrzenny (Vorpanzer) przed przednią płytą kadłuba i jarzmem armaty (bywały przypadki, że pojazdy posiadały tylko jeden z tych elementów). Zaprzestano również stosowania otworów obserwacyjnych w ścianach wieży przed drzwiczkami, otworu obserwacyjnego ładowniczego umieszczonego w jarzmie armaty oraz otworów wyciętych w tylnej ścianie wieży. Stopniowo zaczęły zanikać kadłubowe włazy ewakuacyjne. Modyfikacji uległy także wloty powietrza i luki dostępu do przedziału silnikowego. W odmianie tej wprowadzono uchwyt przeciwlotniczy na karabin (Fliegerbeschussgerat 41 lub 42), montowany na wieżyczce dowódcy. W części czołgów zdemontowano osłonę podstawy wieży, okazało się bowiem, że górna krawędź kadłubowego pancerza przestrzennego wystaje ponad strop kadłuba, spełniając tak naprawdę tę samą funkcję co wspomniana osłona.

PZ.KPFW. III AUSF. K

W grudniu 1941 r. zakłady Krupp otrzymały od Urzędu Uzbrojenia Wojsk Lądowych zlecenie opracowania nowego wozu bojowego, będącego połączeniem podwozia

Repairing a Pz.Kpfw. III Ausf. L of 3. Panzer-Grenadier-Division, Stalingrad area, winter 1942.
Naprawa Pz.Kpfw. III Ausf. L z 3. DGrenPanc zimą 1942 roku pod Stalingradem. [via Robert Wróblewski]

Pz.Kpfw. III Ausf. L of 2. Panzer-Regiment, 16. Panzer-Division captured by Russian troops at Stalingrad in January 1943.
Pz.Kpfw. III Ausf. L z 2. ppanc 16. DPanc. zdobyte przez wojska radzieckie pod Stalingradem w styczniu 1943 roku. [via Robert Wróblewski]

PZ.KPFW. III (5 CM KWK 39 L/60) AUSF. M (SD.KFZ. 141/1)

The next iteration of the Panzer III was Pz.Kpfw. III (5 cm KwK 39 L/60) Ausf. M (Sd.Kfz. 141/1). The tank featured redesigned exhaust system, which increased the vehicle's fording ability to 1.6 m (previous versions were limited to the depths of 0.8 to 0.9 m). The exhaust system was adapted from Tauchpanzer III. Rubber fittings were used to seal all air intakes and exhausts and other areas (e.g. vision ports), through which water could enter the tank's interior. The exhaust stack, equipped with a stop valve, was moved to the rear deck armor and located much higher than in standard tanks. The air entered engine compartment through the fighting compartment and a fan in the turret's deck. The turret's ball bearing race was also equipped with a rubber seal.

Between September 1942 and February 1943 a total of 517 machines were manufactured, out of the initial order for 1,000 vehicles. Of those 517 examples only 250 were built a standard tanks. 100 unarmed vehicles were converted at MIAG into self-propelled flamethrowers, while the remaining chassis were used for conversion into assault guns. Machines were manufactured by:

– MAN – 86 tanks built between October 1942 and January 1943, chassis numbers 74531 - 74600 and 76111-76126,

– MNH - 168 examples manufactured between October 1942 and February 1943, 75001-75100 and 76211-76278,

– Henschel & Wegmann - 60 machines delivered between November 1942 and January 1943, 75370-75430,

– MIAG – 193 tanks built between October and December 1942, 76401-76528 and 77544-77608,

– Daimler-Benz - 10 vehicles manufactured between September and October 1942, 77534-77543.

Pz.Kpfw. III Ausf. J i wieży czołgu Pz.Kpfw. IV Ausf. G z długolufową armatą 7,5 cm KwK 40 L/43. Doprowadzić to miało do powstania nowej wersji „trójki" – Pz.Kpfw. III Ausf. K. Problemy natury technicznej - przesunięcie środka ciężkości i zbyt duża waga pojazdu – spowodowały, że projekt został zarzucony.

Mimo wszystko od grudnia 1942 r. do lutego 1943 r. w zakładach Daimler-Benz zbudowano 50 pojazdów o numerach w zakresie od 70201 do 70250 (numery te sugerują faktycznie model Ausf. J) z powiększoną średnicą wieży i wieżą od Pz.Kpfw. IV Ausf. E, tyle tylko, że uzbrojonych w armatę 5 cm KwK 39 L/60. Również ich przeznaczenie było inne, gdyż były to pojazdy dowodzenia Panzerbefehlswagen III mit 5 cm KwK 39 L/60, zwane również Panzerbefehlswagen III Ausf. K.

PZ.KPFW. III (5 CM KWK 39 L/60) AUSF. M (SD.KFZ. 141/1)

Kolejną wersją „trójki" był Pz.Kpfw. III (5 cm KwK 39 L/60) Ausf. M (Sd.Kfz. 141/1). Wozy te otrzymały zmodyfikowany układ wydechowy, który pozwalał na pokonywanie przeszkód wodnych do głębokości 1,6 m (we wcześniejszych wersjach od 0,8 do 0,9 m). Była to zmodernizowana wersja układu zastosowanego w czołgach Tauchpanzer III. W pojazdach uszczelniono gumowymi elementami wszystkie wloty i wyloty powietrza, a także inne szczeliny (np. otwory obserwacyjne), przez które woda mogła dostać się do wnętrza czołgu. Zamykany zaworem zwrotnym wylot tłumika został umieszczony nad tylnym pancerzem kadłuba, wyżej niż w standardowych czołgach. Powietrze doprowadzane było do przedziału silnikowego poprzez sekcję bojową i wentylator w dachu wieży. Gumowy uszczelniacz otrzymał również pierścień wieży.

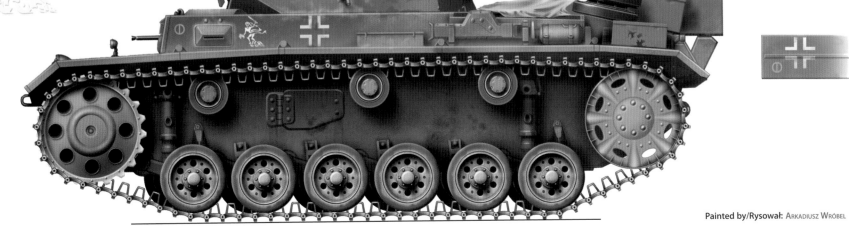

Pz.Kpfw.III Ausf.H coded 531 of 6th Regiment, 3rd Panzer Division, Eastern Front 1941. The vehicle was painted in Dunkelgrau RAL 7021.

Pz.Kpfw.III Ausf.H o numerze taktycznym 531 z 6. pułku 3. dywizji pancernej, front wschodni, 1941 rok. Kamuflaż jednobarwny Dunkelgrau RAL 7021.

Pz.Kpfw. III of 15th Panzer Regiment 11th Panzer Division. Yugoslavia, 1941.

Pz.Kpfw. III z 15. Pułku Pancernego 11. Dywizji Pancernej. Jugosławia, 1941 r.

Painted by/Rysował: Arkadiusz Wróbel

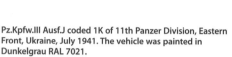

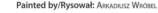

Pz.Kpfw.III Ausf.J coded 1K of 11th Panzer Division, Eastern Front, Ukraine, July 1941. The vehicle was painted in Dunkelgrau RAL 7021.

Pz.Kpfw.III Ausf.J o numerze taktycznym 1K z 11. dywizji pancernej, front wschodni, Ukraina, lipiec 1941 roku. Kamuflaż jednobarwny Dunkelgrau RAL 7021.

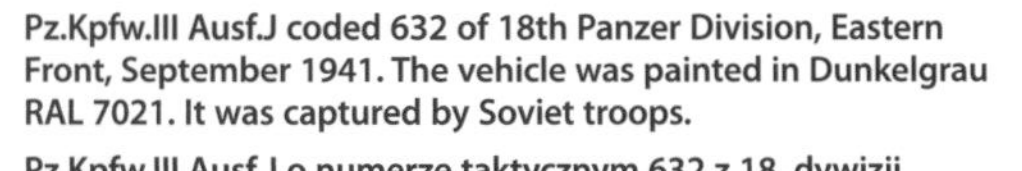

Pz.Kpfw.III Ausf.J coded 632 of 18th Panzer Division, Eastern Front, September 1941. The vehicle was painted in Dunkelgrau RAL 7021. It was captured by Soviet troops.

Pz.Kpfw.III Ausf.J o numerze taktycznym 632 z 18. dywizji pancernej, front wschodni, wrzesień 1941 roku. Pojazd zdobyty przez Rosjan. Kamuflaż jednobarwny Dunkelgrau RAL 7021.

Painted by/Rysował: Arkadiusz Wróbel

Pz.Kpfw.III Ausf.J coded 5 (side code 621) of 10th Panzer Division, Eastern Front, late autumn 1941. The vehicle was painted in Dunkelgrau RAL 7021.

Pz.Kpfw.III Ausf.J o numerze taktycznym 5 (nr boczny 621) z 10. dywizji pancernej, front wschodni, późna jesień 1941 roku. Kamuflaż jednobarwny Dunkelgrau RAL 7021.

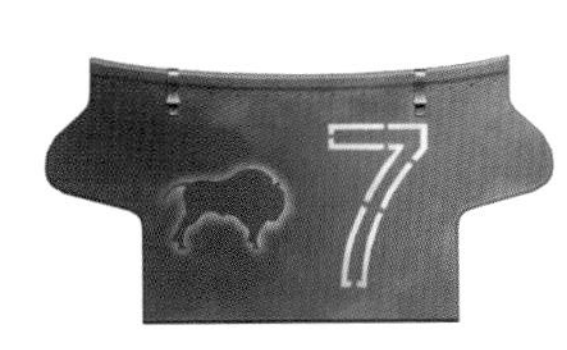

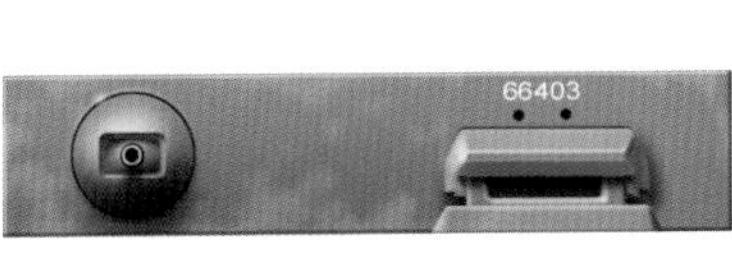

Pz.Kpfw.III Ausf.J coded 7 (side code 731) of 10th Panzer Division, Eastern Front, summer 1941. The vehicle was painted in Dunkelgrau RAL 7021.

Pz.Kpfw.III Ausf.J o numerze taktycznym 7 (nr boczny 731) z 10. dywizji pancernej, front wschodni, lato 1941 roku. Kamuflaż jednobarwny Dunkelgrau RAL 7021.

Painted by/Rysował: Arkadiusz Wróbel

Painted by/Rysował: Sławomir Zajączkowski

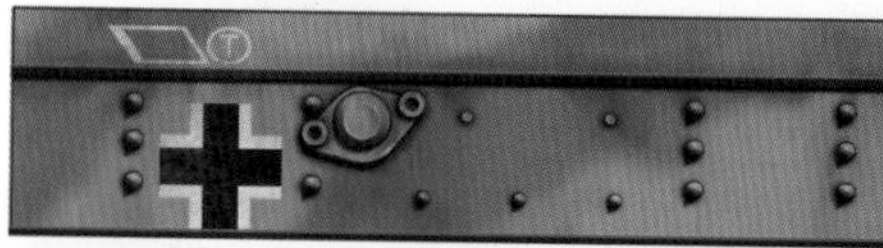

Pz.Kpfw. III (Funk) Ausf. J "Strolch II" from Versuchskommando (F.L.) Tropen. The tank served with a test unit Funklenk of remotely controlled and radio controlled vehicles. The unit deployed to Africa in September 1942 in order to test its ability to operate in desert conditions. The tank presented in this book wears a two-tone 'African" camouflage scheme: dark sand yellow base (RAL 8000) with patches of grey-green RAL 7008 paint. The name "Strolch II" may suggest that the tank's crew had previously fought in the original "Strolch" deployed to the Crimea with Pz.Abt.300. Markings on the back are not substantiated.

Pz.Kpfw. III (Funk) Ausf. J o nazwie „Strolch II" z Versuchskommando (F.L.) Tropen. Czołg ten należał do testowej jednostki Funklenk, czyli pojazdów zdalnie sterujących i sterowanych radiowo. Jednostka ta została wysłana do Afryki we wrześniu 1942 r. w celu przetestowania zdolności bojowej w warunkach pustynnych. Prezentowany czołg był pomalowany w dwubarwny kamuflaż „afrykański": piaskowo-brązowa baza (RAL 8000) uzupełniona była szaro-zielonymi plamami (RAL 7008). Nazwa własna „Strolch II" sugeruje, że załoga tego wozu mogła wcześniej walczyć na Krymie w czołgu o nazwie „Strolch" w ramach Pz.Abt.300. Oznakowanie z tyłu przypuszczalne.

Pz.Kpfw. III Ausf. J "100" from 1./Pz.Abt.18, most likely from the time of fighting near Vielikiye Luki in the winter of 1942 -1943. The tank wears the unit insignia previously used by the disbanded II./Pz.Rgt.18, since the battalion was formed on the basis of the 18th Panzer Division. The vehicle wears a white winter camouflage painted on top of the dark (panzer) grey base of RAL 7021.

Pz.Kpfw. III Ausf. J o nr. taktycznym 100 z 1./Pz.Abt.18, najprawdopodobniej z okresu walk w rejonie Wielkich Łuków w zimie 1942–1943. Czołg posiada godło, które było wcześniej używane przez rozwiązany II./Pz.Rgt.18, ponieważ batalion powstał na bazie 18. Dywizji Pancernej. Wóz w białym malowaniu zimowym, naniesionym na ciemnoszary kolor bazowy (RAL 7021).

Painted by/Rysował: Sławomir Zajączkowski

Pz.Kpfw. III Ausf. N "R14" from staff of Pz.Rgt.25 from 7th Panzer Division, Battle of Kursk, Russia, July 1943. The tank was one of twelve vehicles of that type which served with the Division in the early stages of the Kursk offensive. The letter "R" indicates the tank was a Staff vehicle of a panzer regiment. The tank wears typical markings associated with operation "Zitadelle" – the inverted letter "T", which subsequently replaced the standard division markings. The vehicle wore a three-tone camouflage scheme: dark yellow base (RAL 7028) with dark olive green (RAL 6003) and red brown (RAL 8017) lines.

Pz.Kpfw. III Ausf. N o nr. taktycznym R14 ze sztabu Pz.Rgt.25 należącego do 7. Dywizji Pancernej, bitwa na łuku kurskim, Rosja, lipiec 1943 roku. Czołg ten był jednym z 12 wozów tego typu, które były do dyspozycji dywizji na początku ofensywy na łuku kurskim. Litera R w numerze taktycznym wskazuje, że należał do sztabu pułku pancernego. Pojazd nosi specyficzne dla operacji Zitadelle oznakowanie taktyczne – odwrócone T – które czasowo zastąpiło standardowy znak dywizji. Czołg nosił trójbarwny kamuflaż: piaskowa baza (RAL 7028) pokryta była natryskowo liniami zielonymi (RAL 6003) i brązowymi (RAL 8017).

inCOMBAT

Pz.Kpfw. III Ausf. M "24" from staff Pz.Rgt. Groβdeutschland, Eastern Front, summer 1943. The tank was modified for the role of an improvised armored ambulance and was commanded by the regiment surgeon (Stabsarzt) Dr. Hewel. This unusual role is reflected in the vehicle's unique markings: Rod of Asclepius. MEDEVAC vehicles on the Eastern Front rarely wore the red cross markings, since both sides did not honor them. The tank was painted in the three-tone camouflage consisting of the dark yellow base (RAL 7028) with dark olive green (RAL 6003) and red brown (RAL 8017) patches. Markings on the back are not substantiated.

Pz.Kpfw. III Ausf. M o nr. taktycznym 24 ze sztabu Pz.Rgt. Groβdeutschland, front wschodni, lato 1943 roku. Czołg został zmodyfikowany tak, żeby pełnić rolę opancerzonego ambulansu, a dowodził nim pułkowy chirurg (Stabsarzt) Dr. Hewel. Ta dość niezwykła dla czołgu funkcja jest uwidoczniona w jego unikalnym oznakowaniu: namalowanej lasce Asklepiosa/Eskulapa. Na froncie wschodnim pojazdy medyczne rzadko były oznaczone czerwonym krzyżem, ponieważ obie strony go nie honorowały. Wóz nosił trójbarwny kamuflaż: piaskowa baza (RAL 7028) pokryta była natryskowo plamami zielonymi (RAL 6003) i brązowymi (RAL 8017). Oznakowanie z tyłu przypuszczalne.

Painted by/Rysował: Sławomir Zajączkowski

Pz.Kpfw. III Ausf. J/L "234" from 2./Pz.Rgt.33 Prinz Eugen of 9th Panzer Division. The unit, officially recognized as Panzer Regiment Prinz Eugen from March 2, 1943, deployed its tanks in support of operation "Zitadelle". This particular example was captured by the Soviets during the German retreat in the Bryansk area in August 1943. The regimental insignia painted on the unit's tanks was a rendition of the well-known statue of Prince Eugene of Savoy erected in Vienna. The vehicle sported a three-tone camouflage scheme: dark yellow base (RAL 7028) with dark olive green (RAL 6003) and red brown (RAL 8017) patches. The camouflage was at some point augmented by the addition of dark yellow stripes of RAL 7028.

Pz.Kpfw. III Ausf. J/L o nr. taktycznym 234 z 2./Pz.Rgt.33 „Prinz Eugen" należącego do 9. Dywizji Pancernej. Czołgi tej jednostki, od 2.03.1943 r. oficjalnie nazywanej Pułkiem Pancernym „Prinz Eugen", brały udział w operacji Zitadelle, a ten konkretny egzemplarz został zdobyty przez Rosjan już po jej zakończeniu w czasie niemieckiego odwrotu w rejonie Briańska w sierpniu 1943 roku. Godło malowane na czołgach tego pułku nawiązywało do znanego wiedeńskiego pomnika patrona jednostki – księcia Eugeniusza Sabaudzkiego. Pojazd nosił trójbarwne malowanie: piaskowa baza (RAL 7028) pokryta była zielonymi (RAL 6003) i brązowymi (RAL 8017) plamami, na które w ramach odświeżenia kamuflażu naniesiono ponownie piaskowe pasy (RAL 7028).

Pz.Kpfw. III Ausf. M, 15th Panzer Regiment, 11th Panzer Division, Kursk 1943

Pz.Kpfw. III Ausf. M. 15. pułk pancerny, 11. DPanc., Kursk 1943 r.

Painted by/Rysował: Arkadiusz Wróbel

Painted by/Rysował: Arkadiusz Wróbel

Pz.Kpfw. III Ausf. M, 11th Panzer Regiment, 6th Panzer Division
Pz.Kpfw. III Ausf. M. 11. pułk pancerny 6. DPanc.

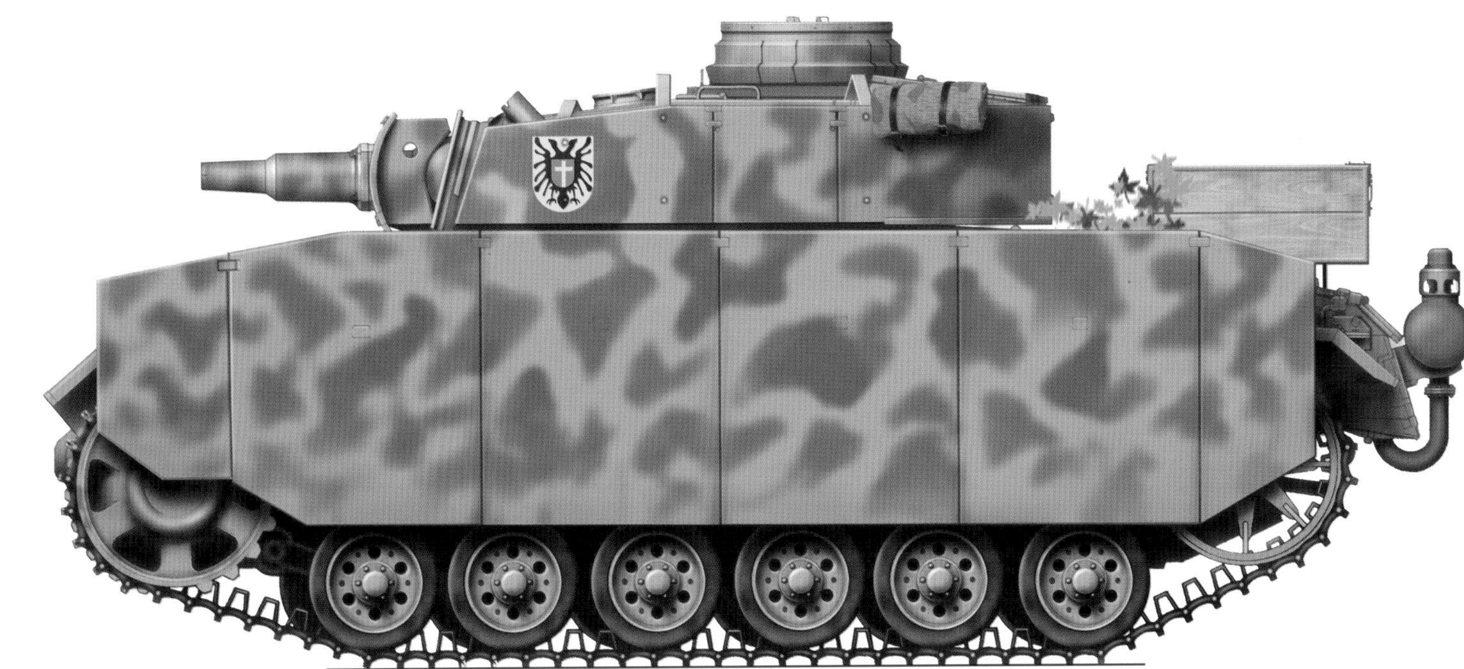

Pz.Kpfw. III Ausf. N, 3rd Panzer Regiment, 2nd Panzer Division, Kursk 1943
Pz.Kpfw. III Ausf. N. 3 pułk pancerny, 2. DPanc., Kursk 1943 r.

Painted by/Rysował: Arkadiusz Wróbel

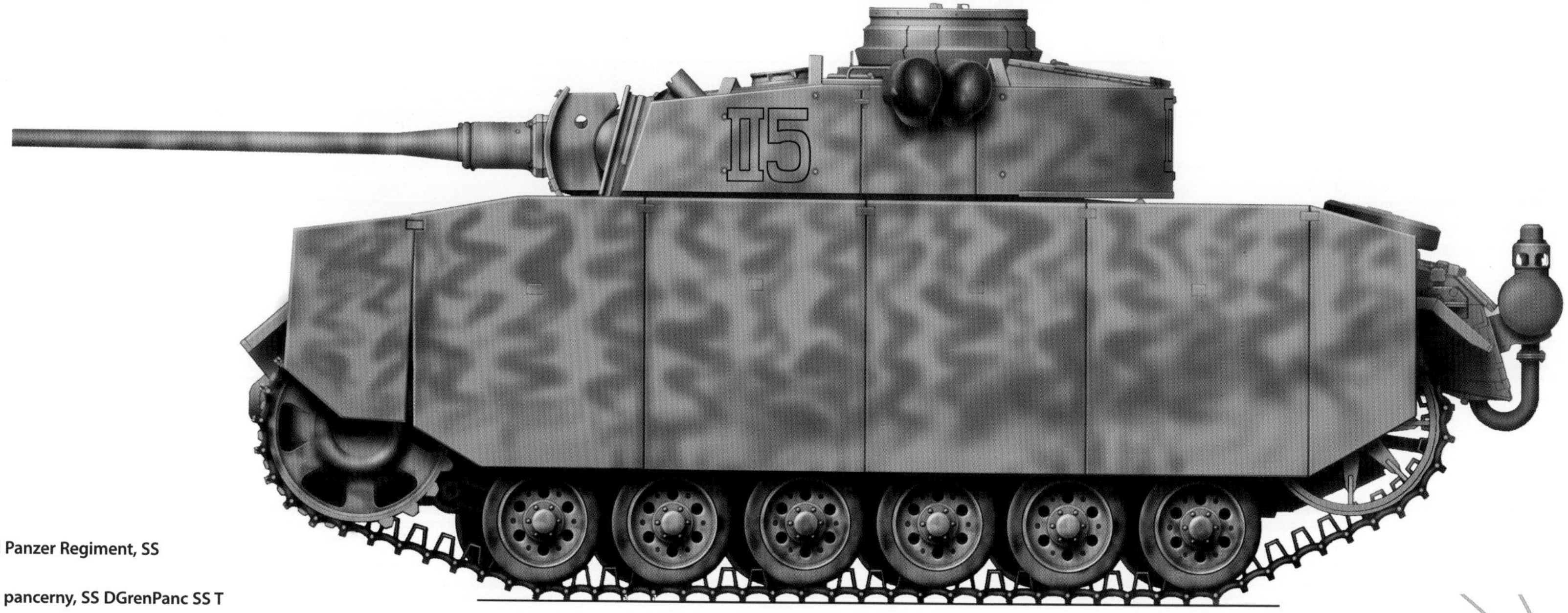

Pz.Kpfw. III Ausf. M, 2nd Battalion, 3rd Panzer Regiment, SS Panzergrenadier Division 'Totenkopf'

Pz.Kpfw. III Ausf. M. II Batalion, 3. pułk pancerny, SS DGrenPanc SS T

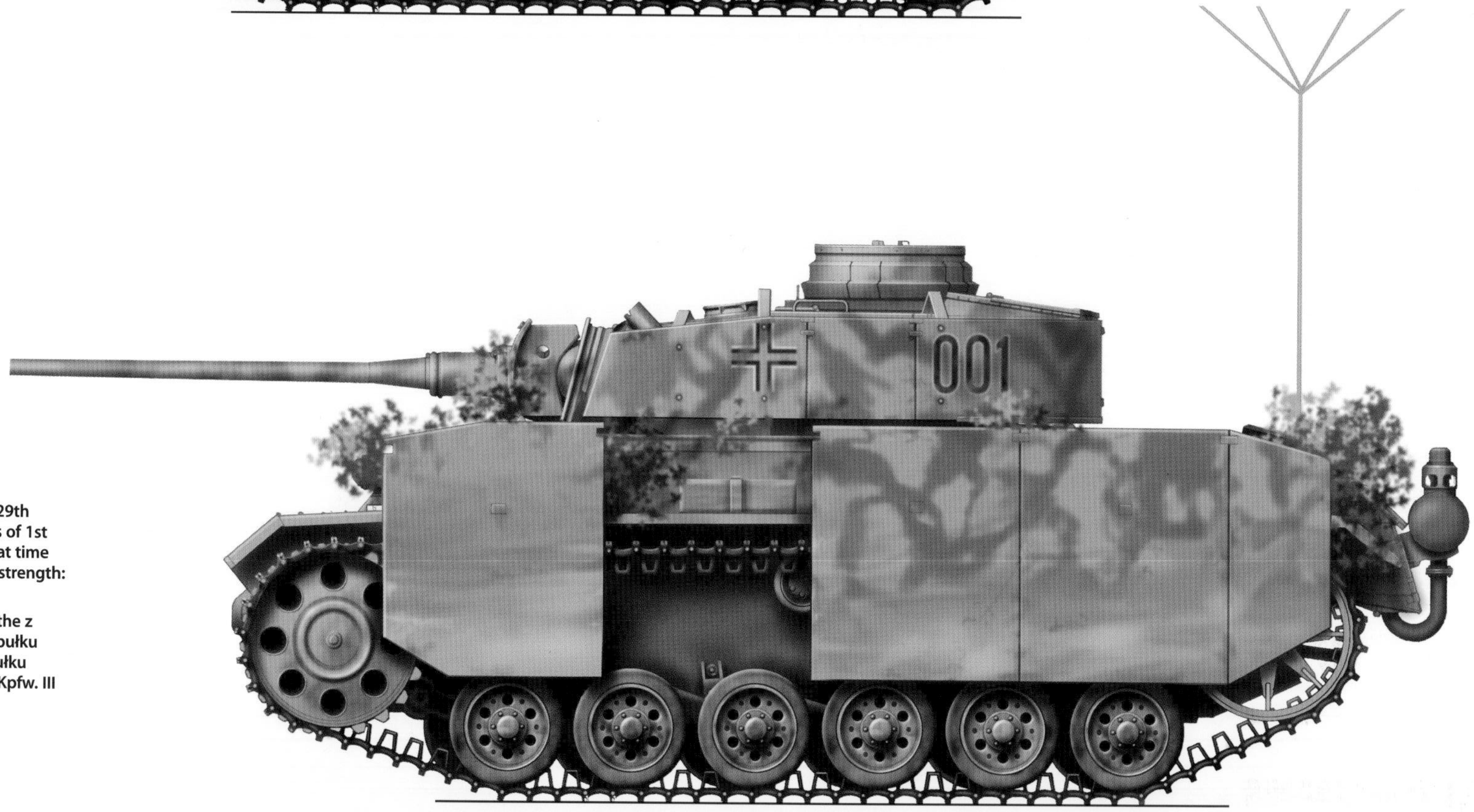

Pz.Kpfw. III Ausf. M Bef. coded '001' of Obst. Bothe, the commander of 29th Panzer Regiment, 12th Panzer Division; Knyszyn, early August 1944. As of 1st August 1944, the regimental staff had only one tank of this type. At that time the entire Regiment (Staff and II Battalion) had the following tanks on strength: one Pz.Kpfw. III Bef, three Pz.Kpfw. III (l), three Pz IV (k), six Pz IV (l).

Pz.Kpfw. III Ausf. M Bef. numer 001 dowódcy 29. ppanc pułkownika Bothe z 12. DPanc.. Knyszyn, początek sierpnia 1944 roku. 1 sierpnia sztab 29. pułku pancernego dysponował tylko jednym czołgiem tego typu. W całym pułku (sztab i II batalion) znajdowały się w tym czasie: 1 Pz.Kpfw. III Bef, 3 Pz.Kpfw. III (l), 3 Pz IV (k), 6 Pz IV (l).

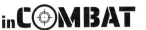

Rysował: Stefan Dramiński

Sheet/Arkusz 1

Pz.Kpfw. III Ausf. J

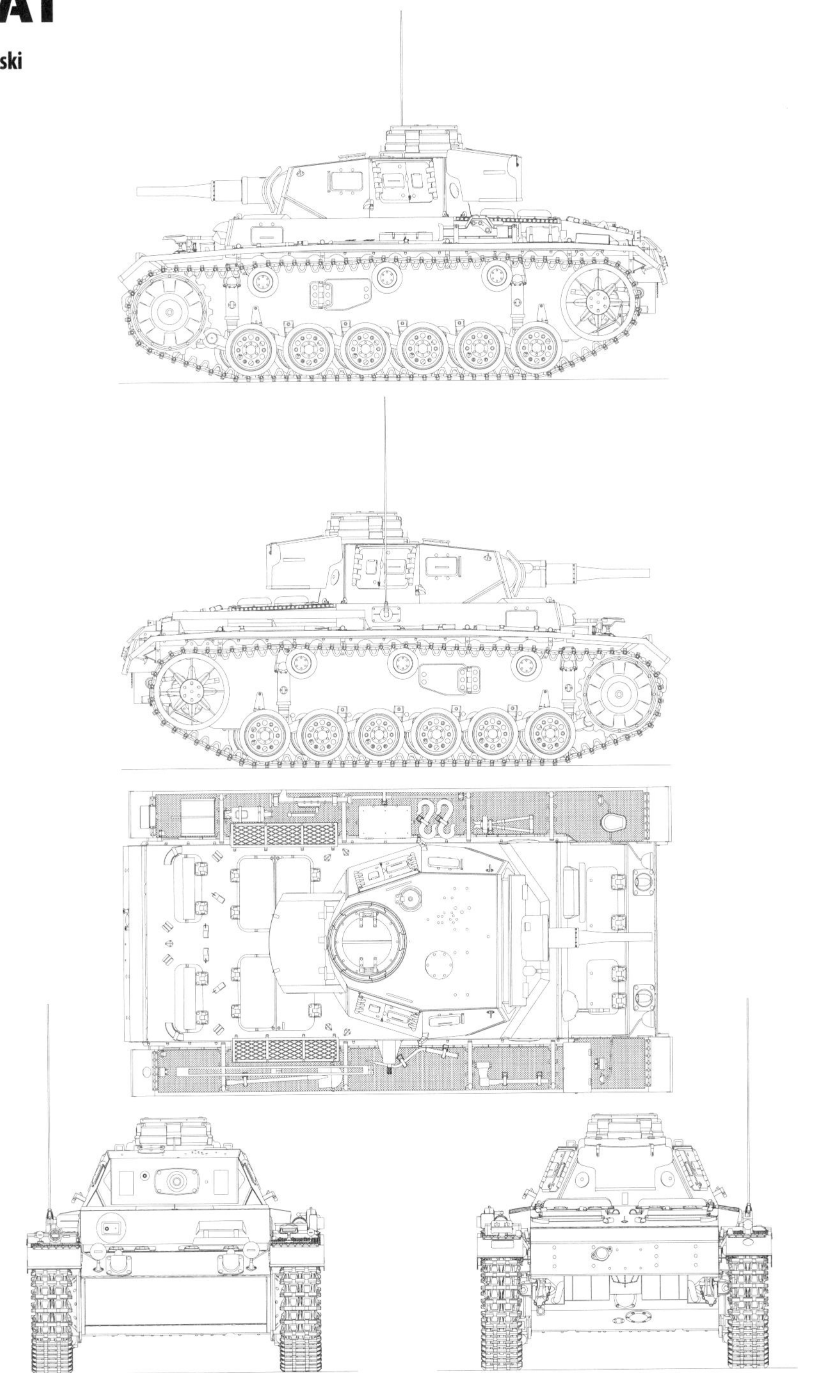

Pz.Kpfw. III Ausf. L
Early model, without Vorpanzer/wczesny model, bez Vorpanzer

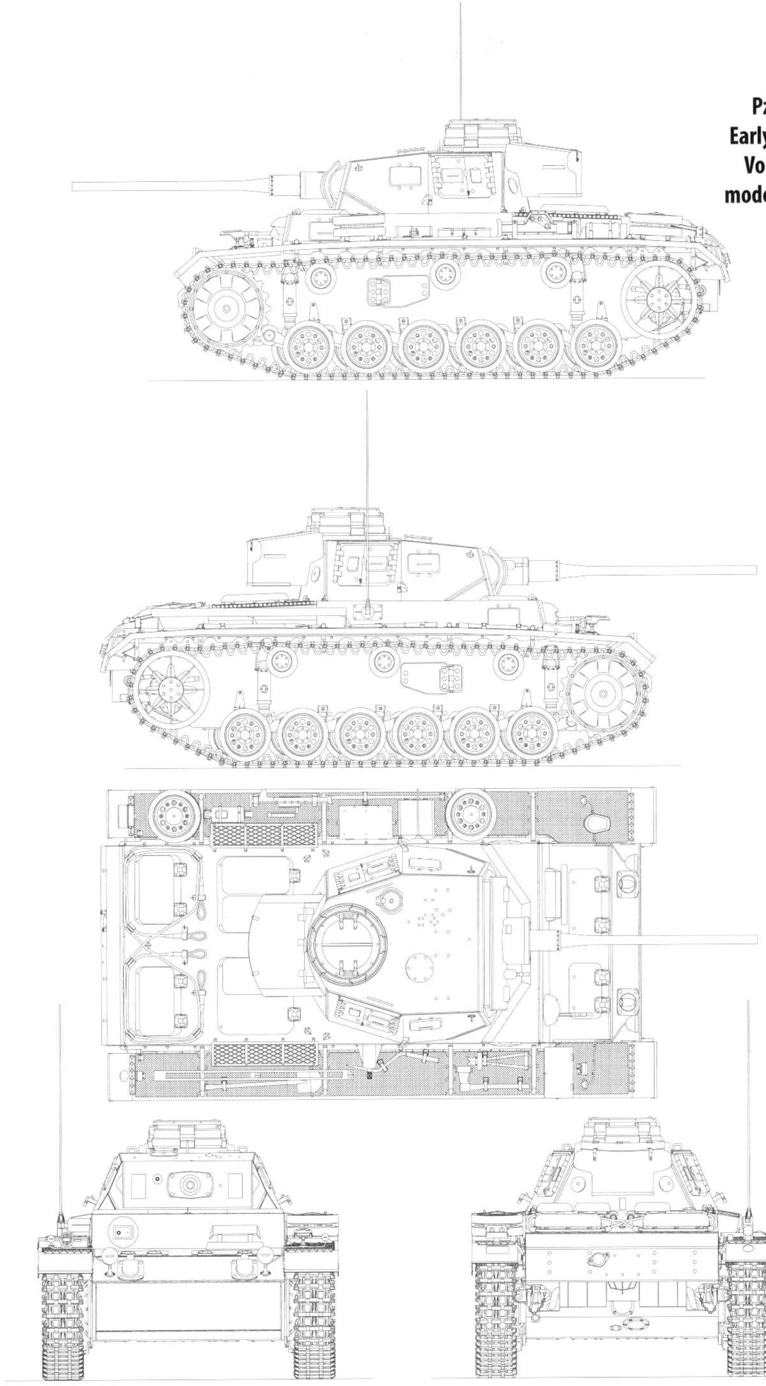

Scale/skala: 1/72

www.kagero.eu
www.shop.kagero.pl

inCOMBAT

Sheet/Arkusz 2

Rysował: Stefan Dramiński

Pz.Kpfw. III Ausf. L with Vorpanzer installed / z zainstalowanym Vorpanzer

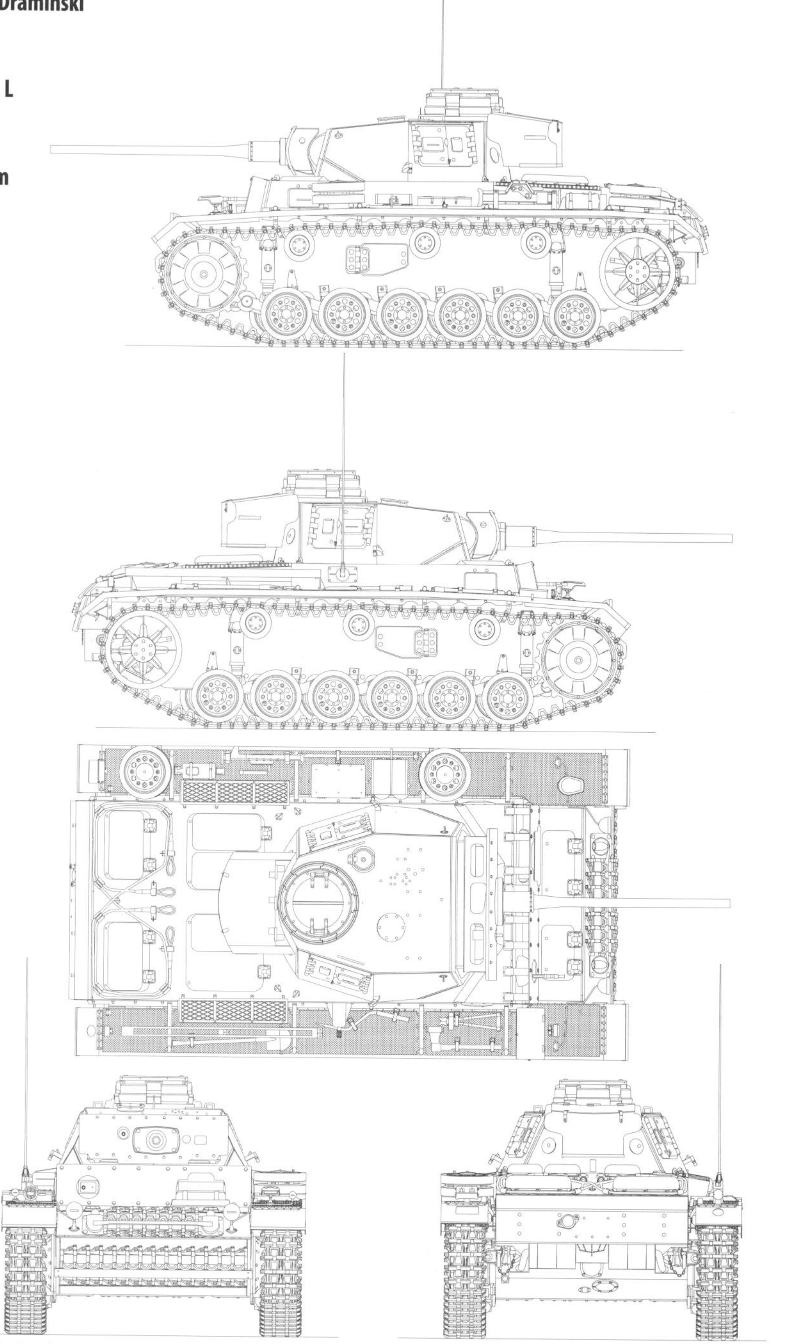

Pz.Kpfw. III Ausf. M

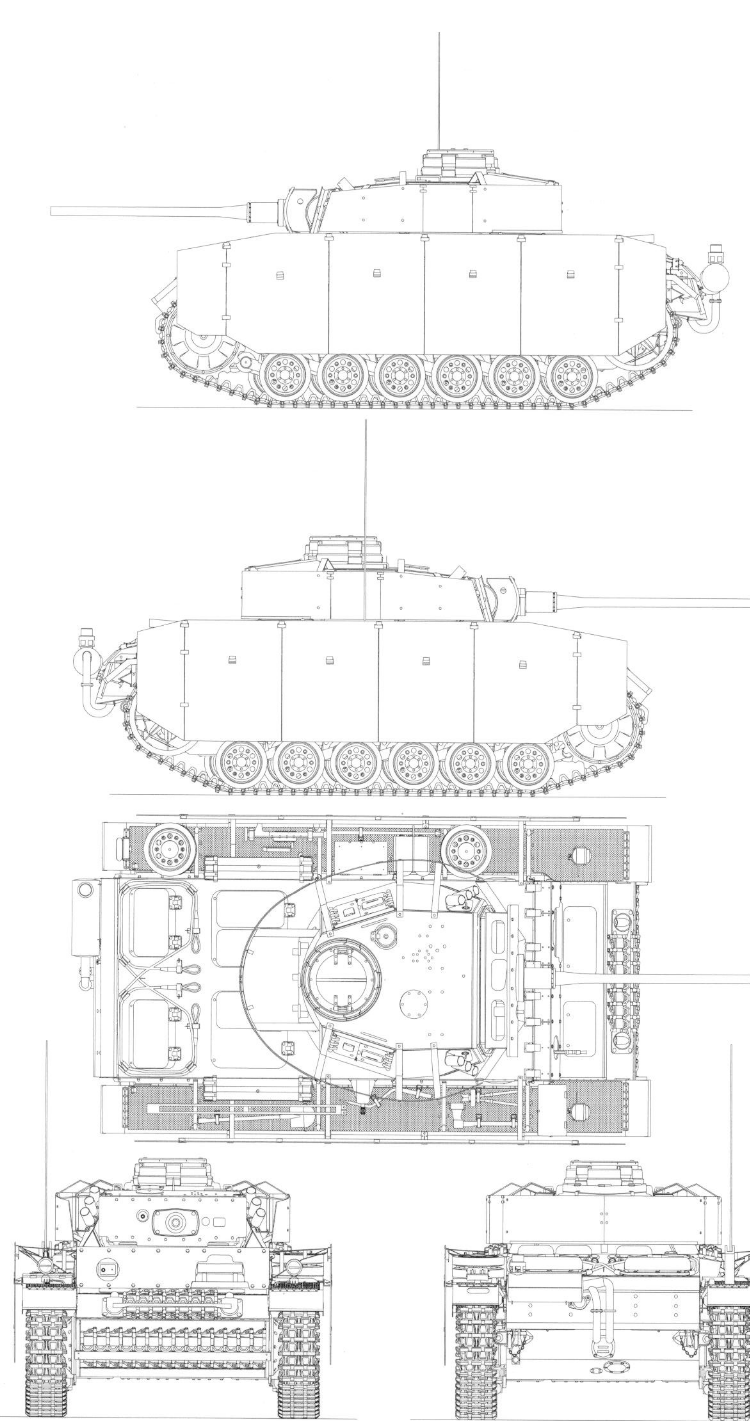

Scale/skala: 1/72

www.kagero.eu
www.shop.kagero.pl

inCOMBAT

Rysował: Stefan Dramiński

Pz.Kpfw. III Ausf. M

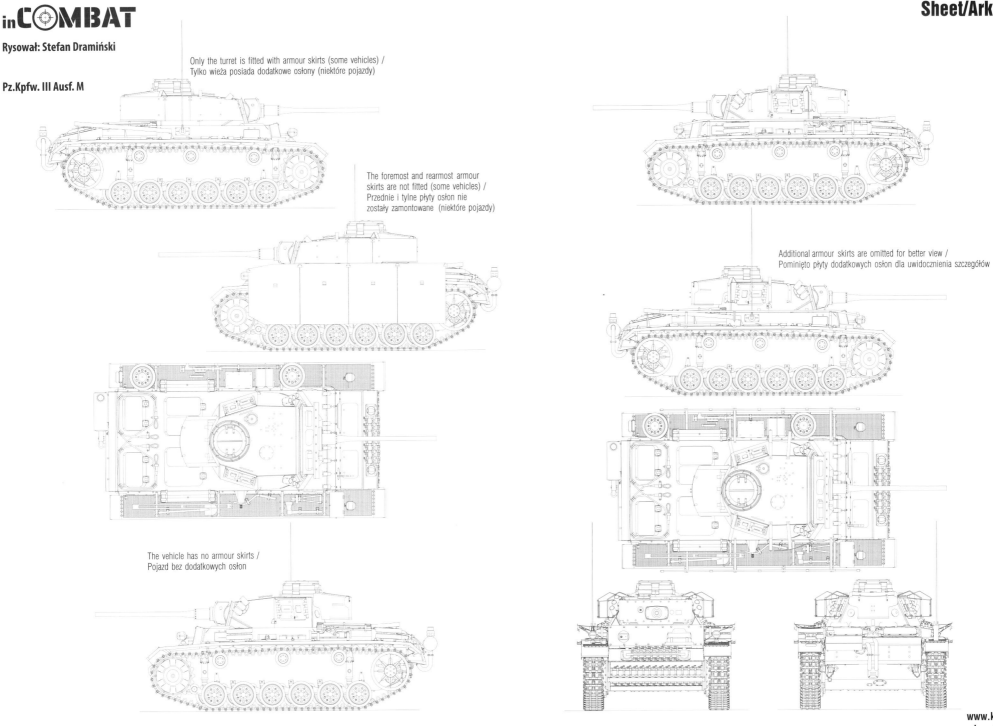

Only the turret is fitted with armour skirts (some vehicles) /
Tylko wieża posiada dodatkowe osłony (niektóre pojazdy)

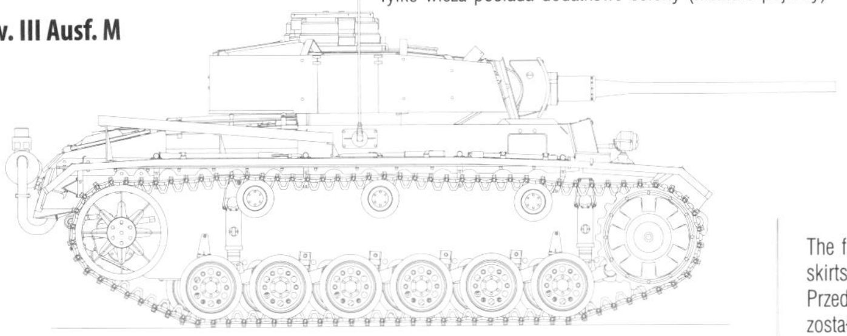

The foremost and rearmost armour skirts are not fitted (some vehicles) /
Przednie i tylne płyty osłon nie zostały zamontowane (niektóre pojazdy)

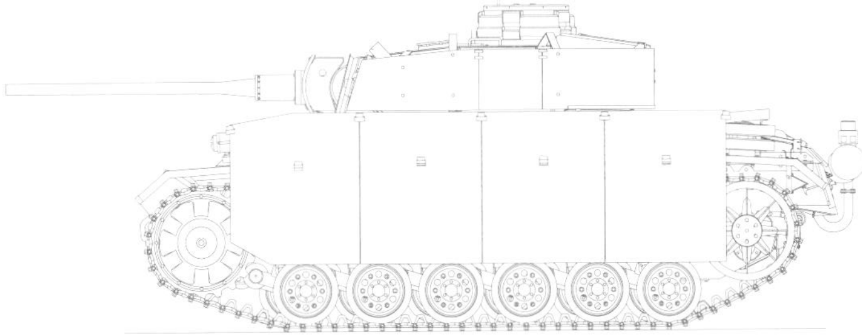

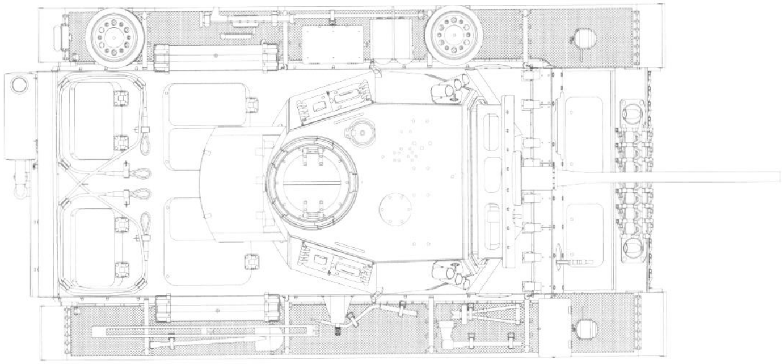

The vehicle has no armour skirts /
Pojazd bez dodatkowych osłon

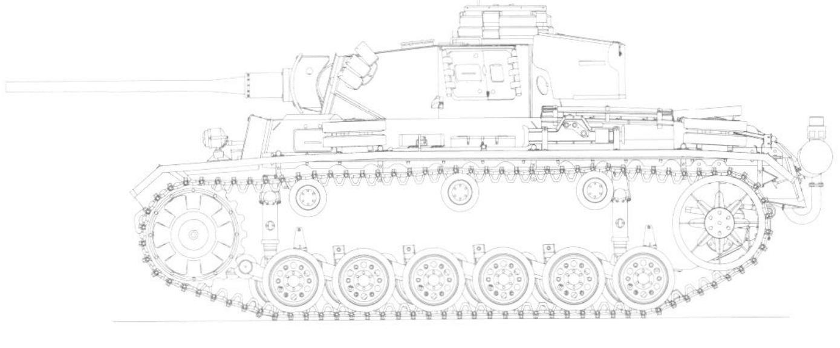

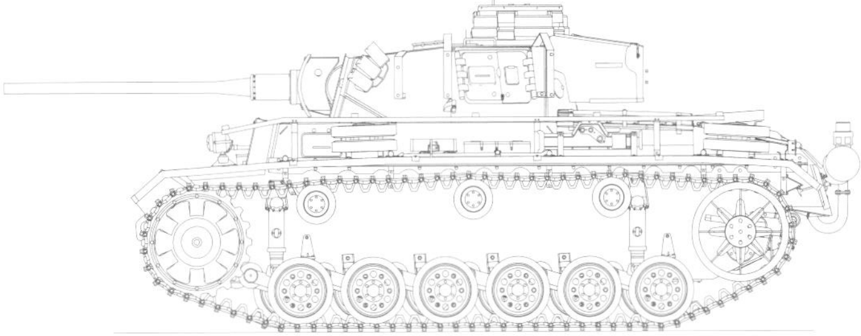

Additional armour skirts are omitted for better view /
Pominięto płyty dodatkowych osłon dla uwidocznienia szczegółów

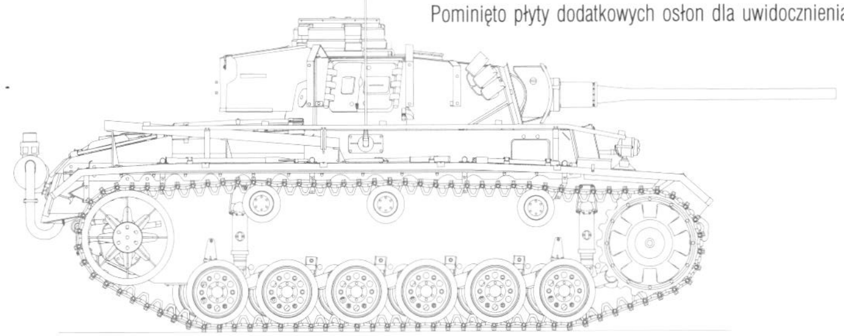

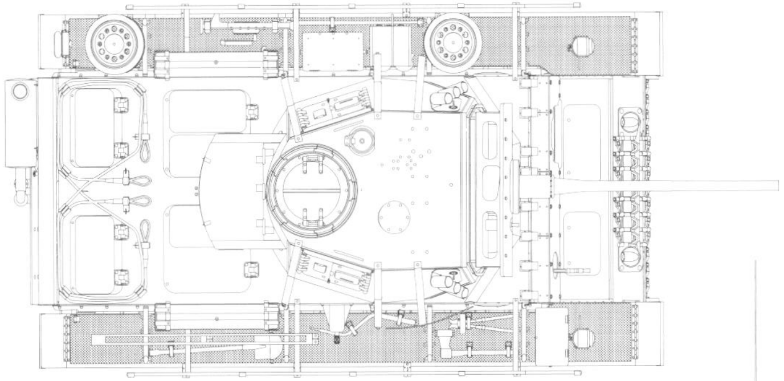

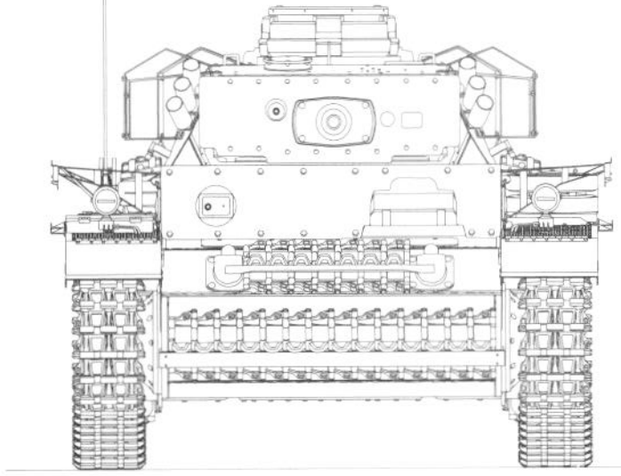

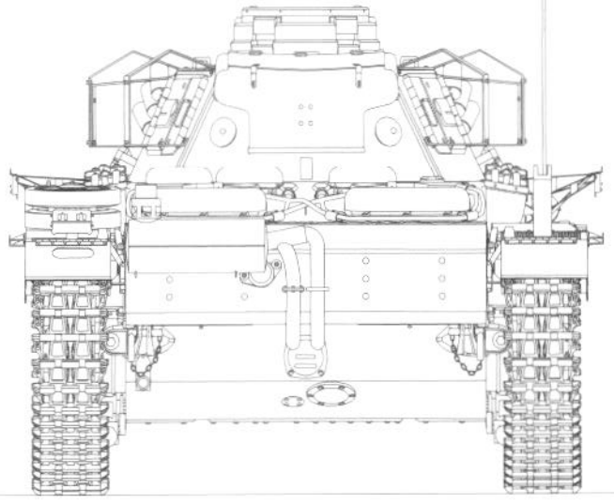

Sheet/Arkusz 3

Scale/skala: 1/72

www.kagero.eu
www.shop.kagero.pl

Rysował: Stefan Dramiński

Pz.Kpfw. III Ausf. J

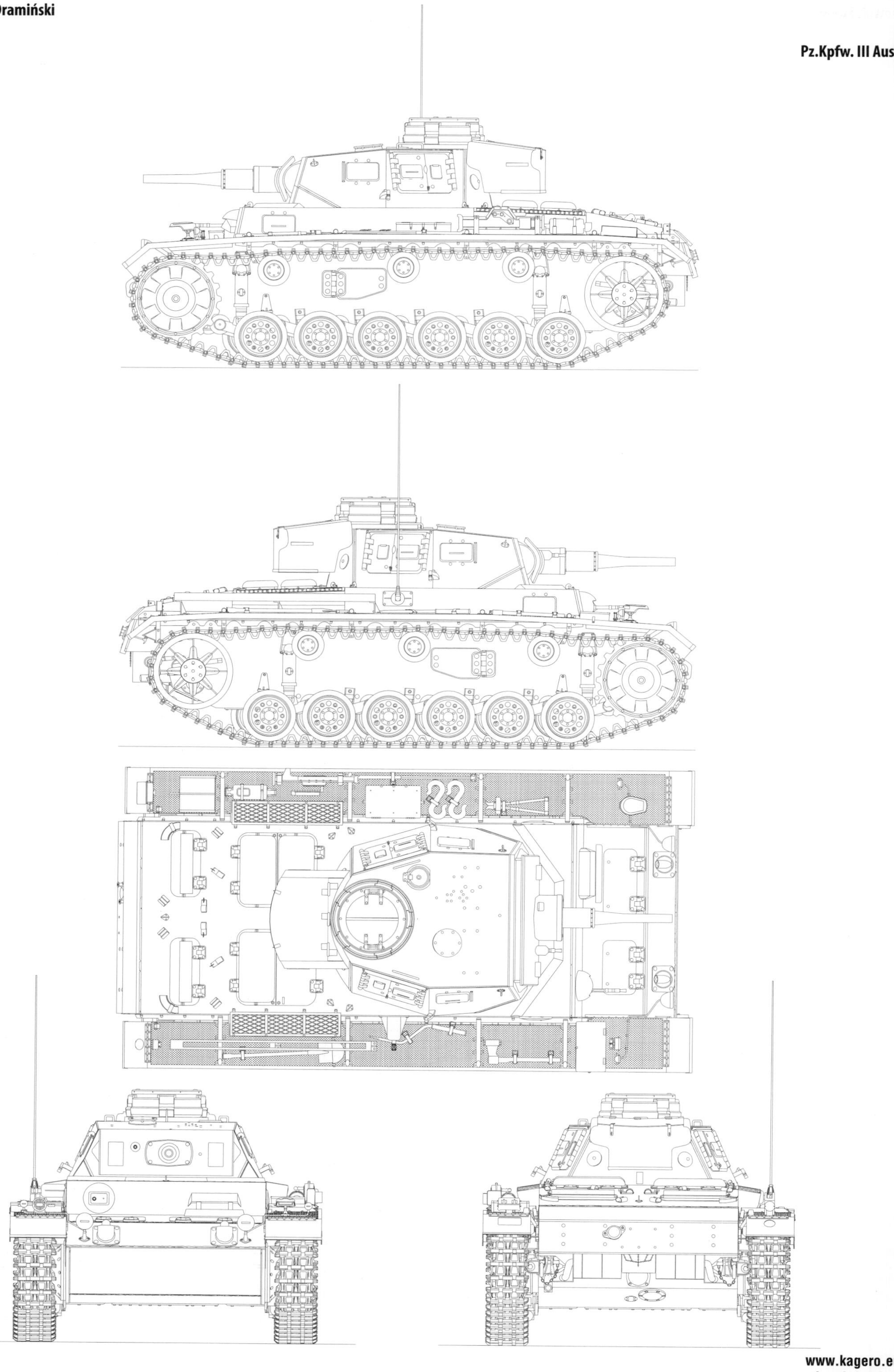

Scale/skala: 1/48

inCOMBAT

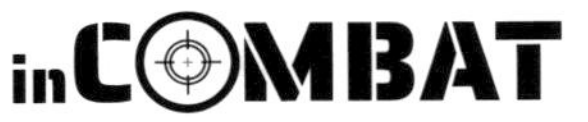

Rysował: Stefan Dramiński

Sheet/Arkusz 5

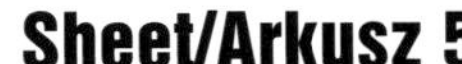

Pz.Kpfw. III Ausf. L
Early model/wczesny model,
bez Vorpanzer

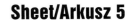

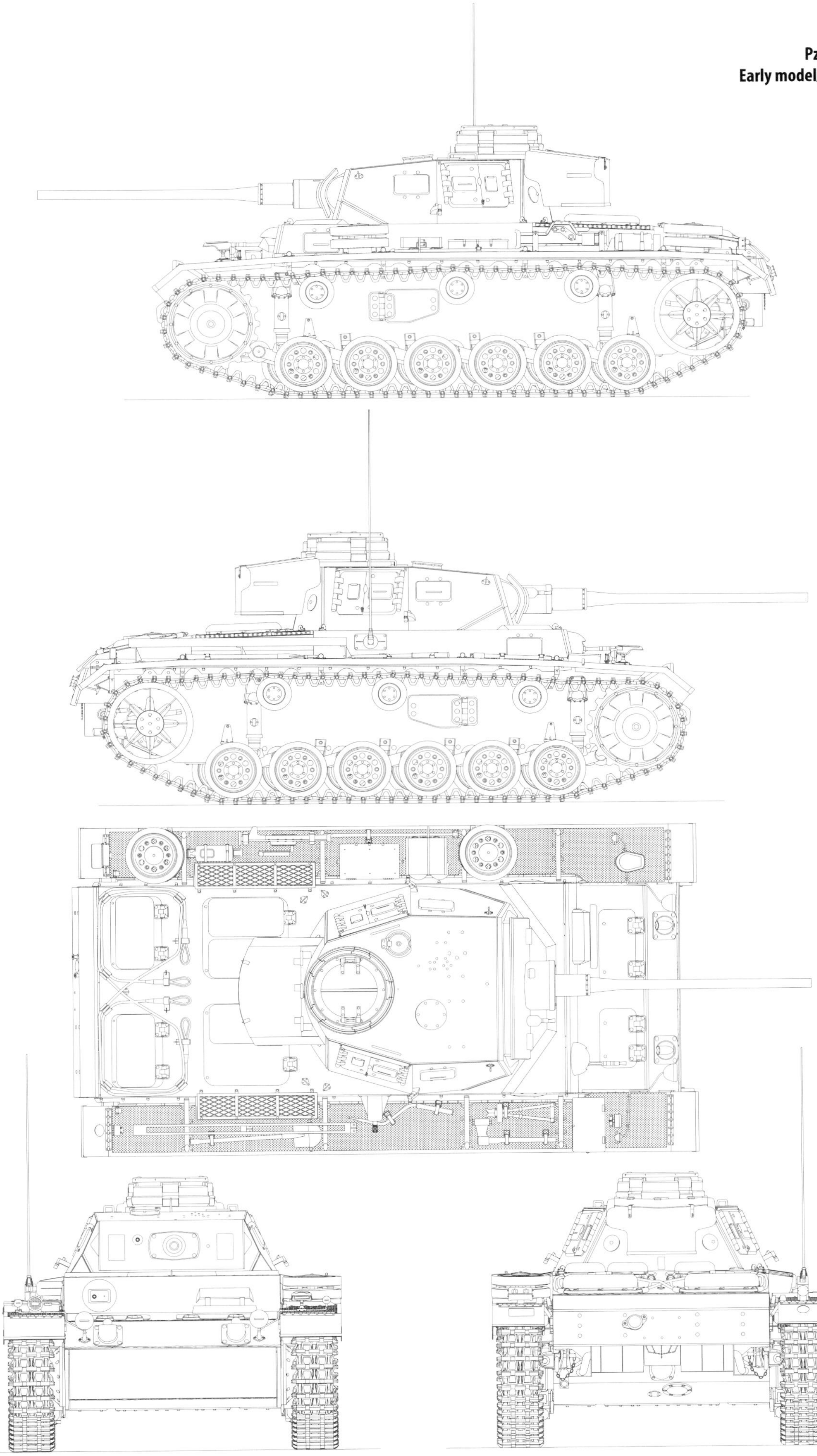

Scale/skala: 1/48

inCOMBAT

Sheet/Arkusz 6

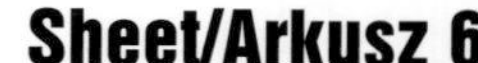

Rysował: Stefan Dramiński

Pz.Kpfw. III Ausf. L

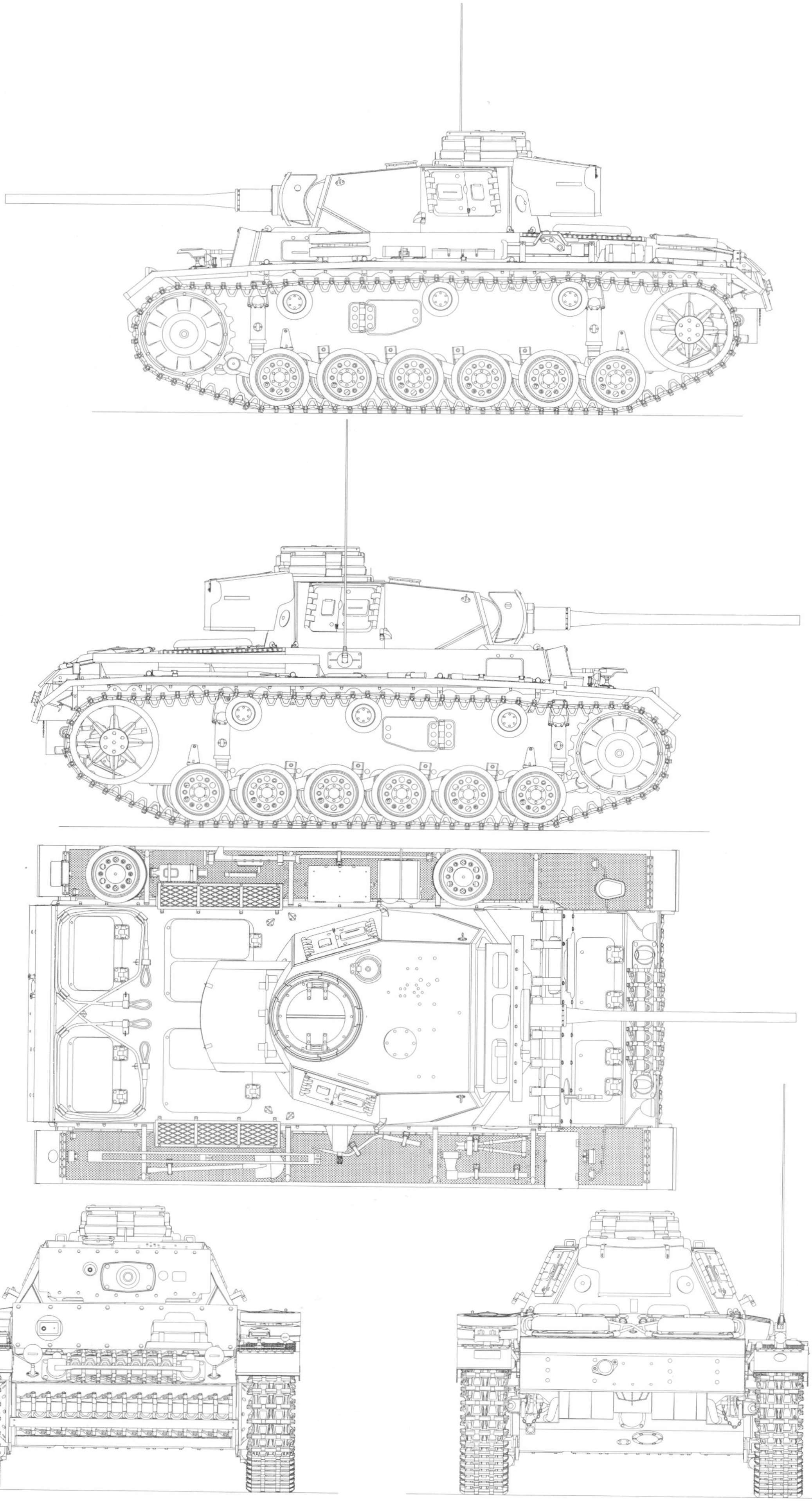

Scale/skala: 1/48

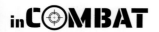

Pz.Kpfw. III Ausf. L of 1. Panzer-Regiment SS, 1. Panzer-Division SS during battles in Kharkov area in March 1943.
Pz.Kpfw. III Ausf. L z 1. ppanc SS 1. DPanc. SS podczas walk w rejonie Charkowa w marcu 1943 roku. [via Robert Wróblewski]

From 1943 onwards the tanks were factory equipped with armored side plates, or skirts (Schürzen) designed to protect the vehicles against anti-tank rifle rounds and shaped charge shells (some of the tanks of earlier versions also featured those extra side plates). The skirts installed on turret sides and rear were 8 mm thick and featured two-piece flaps matching side entrance hatches. Schürzen installed on the hull sides were 5 mm thick and extended from the top of the road wheels to the upper superstructure section. The spaced armor (Vorpanzer) was also used. A pair of triple NbK 90 mm smoke grenade ejectors were fitted on either side of the turret front. Running lights were relocated from the glacis to the tank's track guards. In other respects, the tank's design was identical to the earlier model.

PZ.KPFW. III (7,5 CM KWK 37 L/24) AUSF. N (SD.KFZ. 141/2)

Combat operations on the Eastern Front proved that Pz.Kpfw. IIIs were not the only types having a hard time fighting Soviet T-34 and KV tanks. In similar predicament were panzer units equipped with Pz.Kpfw. IV Ausf A–F1s armed with the short barrel 7, 5 cm KwK 37 L/24 main gun, which was later poignantly summarized by Guderian himself:

Our armor could effectively deal with the T-34 only under extremely fortunate circumstances. The crews of Panzer IVs with their short-barreled 75 mm gun might get lucky if they approached a T-34 from the rear, hoping for a direct hit into a poorly protected engine compartment. To maneuver into that position took extraordinary skill.

Several ideas were tested in order to improve lethality of German panzer units. One of them was introduction of APCR rounds. At the same time work continued to re-arm Panzer IVs with the long barrel 75 mm main gun. Production of improved Panzer IV types (first Pz.Kpfw. IV Ausf. F2, then Pz.Kpfw. IV Ausf. G) was launched in March 1942. Introduction of the new type left in its wake a sizeable stock (some 450 ex-

Z zamówionych 1000 sztuk, od września 1942 r. do lutego 1943 r. zbudowano około 517 maszyn, ale tylko 250 standardowych czołgów, gdyż 100 nieuzbrojonych wozów przebudowano w MIAG na samobieżne miotacze płomieni, dalsze zaś posłużyły do konwersji na działa samobieżne. Produkcja prowadzona była w zakładach:

– MAN – 86 pojazdów od października 1942 r. do stycznia 1943 r. (numery od 74531 do 74600 i 76111–76126),

– MNH – 168 sztuk od października 1942 r. do lutego 1943 r. (75001–75100 i 76211–76278),

– Henschel & Wegmann – 60 maszyn (75370–75430) od listopada 1942 r. do stycznia 1943 r.,

– MIAG – 193 czołgi (76401–76528, 77544–77608) od października do grudnia 1942 r.,

– Daimler–Benz – 10 sztuk we wrześniu i październiku 1942 r. (numery 77534–77543).

Od 1943 r., dla ochrony przed pociskami kumulacyjnymi i rusznic przeciwpancernych, fabrycznie montowano na czołgach ekrany z blach pancernych - tzw. „Schürzen" (pojawiły się one już w części czołgów poprzedniej wersji). Te przeznaczone do osłony wieży (boki i tył) miały grubość 8 mm i dwuskrzydłowe drzwi na wysokości bocznych włazów wejściowych. Ekrany kadłubowe (5 mm) osłaniały boki czołgu od górnych krawędzi kół jezdnych do górnej części nadbudówki. W dalszym ciągu stosowano pancerz przestrzenny - Vorpanzer. Na bokach wieży mocowano również dwie potrójne wyrzutnie granatów dymnych (NbK) kalibru 90 mm. Reflektory zostały przeniesione z przedniej pochyłej płyty pancernej na błotniki czołgu. Pozostałe elementy konstrukcyjne pozostały niezmienione w stosunku do poprzedniej wersji.

PZ.KPFW. III (7,5 CM KWK 37 L/24) AUSF. N (SD.KFZ. 141/2)

Walki na froncie wschodnim uwidoczniły niemieckiemu wyższemu dowództwu, że nie tylko czołgi Pz.Kpfw. III były bezbronne w walce z sowieckimi T-34 i KW. Sytuacja taka odnosiła się również do wozów bojowych typu Pz.Kpfw. IV

1. Panzer-Grenadier-Division SS "Leibstandarte Adolf Hitler" commanders being briefed in front of Pz.Kpfw. IV coded "055" used by the commander of 1. Panzer-Regiment SS. Seen in the background is Pz.Kpfw. III Ausf. L coded "054". Kursk area, July 1943.

Odprawa dowódców DGrenPanc SS „LAH" przed czołgiem dowódcy 1. ppanc SS Pz IV o numerze 055. W oddali wóz adiutanta pułku Pz.Kpfw. III Ausf. L numer 054. Kursk, lipiec 1943 roku. [via Robert Wróblewski]

amples) of older vehicles, still armed with the short-barreled 7, 5 cm KwK 37 L/24 main gun.

After the development of Pz.Kpfw. III Ausf. K had been abandoned, a decision was made to arm Panzer III tanks with those

Pz.Kpfw. III Ausf. M coded "401" of 4th company, II. Battalion, 15. Panzer-Regiment, followed by SdKfz 250 with white insignia of 11. Panzer-Division. II. Battalion comprised 4th, 5th and 6th companies. Kursk area, July 1943.

Pz.Kpfw. III Ausf. M o numerze 401 dowódcy 4. kompanii z II batalionu 15. ppanc. Z tyłu SdKfz 250 z białym oznaczeniem 11. DPanc. II batalion czołgów posiadał trzy kompanie o numerach 4, 5 i 6. Kursk, lipiec 1943 roku. [via Robert Wróblewski]

Ausf A–F1 uzbrojonych w krótkolufowe armaty 7,5 cm KwK 37 L/24. Sam Guderian wspominał:

W walce z czołgiem T-34 nasza ówczesna broń przeciwpancerna okazywała się skuteczna tylko w wyjątkowo pomyślnych warunkach. Czołgi typu Panzer IV ze swymi 75 mm armatami o krótkiej lufie mogły go atakować tylko od tyłu, trafiając przez słabą osłonę w silnik. Uchwycenie odpowiedniego momentu strzału było nie lada sztuką.

Aby poprawić skuteczność własnej broni pancernej, podjęto różne kroki. Jednym ze sposobów radzenia sobie z nieprzyjacielskimi wozami bojowymi było wprowadzenie pocisków kumulacyjnych. Jednocześnie podjęto prace prowadzące do przezbrojenia „czwórek" w długolufowe armaty kal. 75 mm. Produkcję nowych czołgów, najpierw Pz.Kpfw. IV Ausf. F2, a potem Pz.Kpfw. IV Ausf. G, rozpoczęto w marcu 1942 r. Po przezbrojeniu, w magazynach pozostała pokaźna ilość (450 sztuk) dotychczasowego uzbrojenia – krótkolufowych armat 7,5 cm KwK 37 L/24.

Po anulowaniu prac nad czołgiem Pz.Kpfw. III Ausf. K, podjęto decyzję o użyciu tych armat jako uzbrojenia „trójek". Wymagało to przeprowadzenia przeróbek w standardowej wieży Pz.Kpfw. III. Produkcję ostatniej wersji tytułowego czołgu - Ausf. N (Sd.Kfz. 141/2), zwaną także Sturmpanzer III, rozpoczęto w lipcu 1942 r. Budowa pierwszej serii liczącej 447 maszyn zakończyła się w październiku 1942 r., wyglądała zaś następująco:

– Henschel – od lipca do października 1942 r. powstało tam 127 sztuk o numerach 73857–73900 i 75231–75339,

– MIAG – 180 maszyn od lipca do października 1942 r. (74692–74849 i 76379–76400),

– MNH – 130 egzemplarzy od lipca do września 1942 r. (numery 74857–74896),

Pz.Kpfw. III Bef. of 2. Panzer-Regiment SS, Panzer-Grenadier-Division SS "Das Reich" photographed on 10th July 1943 in Prokhorovka area.
Pz.Kpfw. III Bef z 2. ppanc SS DGrenPanc SS „Das Reich" sfotografowany 10 lipca 1943 roku w rejonie Prochorowki. Kursk, lipiec 1943 roku. [via Robert Wróblewski]

surplus weapons. The operation would necessarily require redesign of a standard Panzer III turret to accommodate a new gun. The production of the final mark of Panzer III - Ausf. N (Sd.Kfz. 141/2), also known as Sturmpanzer III – was launched in October 1942. The vehicle was produced by the following manufacturers:

– Henschel – 127 examples delivered between July and October 1942, chassis numbers 73857-73900 and 75231-75339,

– MIAG - 180 machines built between July and October 1942, 74692-74849 and 76379-76400,

– MNH – 130 tanks manufactured between July and September 1942, 74857-74896,

– Daimler-Benz – 10 machines built in July and August 1942, 75211-75220.

The second production series of 167 vehicles was launched in November 1942 and continued until August 1943 at the following sites:

– MNH - 82 examples built between April and August 1943, chassis numbers 76279-76360,

– MIAG – 85 tanks delivered between February and May 1943, 77709-77793.

What differentiated the new mark from earlier Panzer III versions was mainly its main armament. The main gun, as mentioned earlier, was the short-barreled 7, 5 cm KwK 37 L/24 gun with a 1,766 mm barrel and a rate of fire of some 12 rpm. The gun could be elevated from – 8° to + 20° and traversed 360°. The tank was equipped with a TzF 5b telescopic sight with a x2.5 magnification and a 25 degree field of view. The sight was graduated to 1,200 m for the MG 34 and AP rounds and to 3,000 m for HE shells. Complementing the main gun were two MG 34 machine guns. In addition to 64 main gun shells, the vehicle carried 3,750 rounds of machine gun ammunition. The main gun could fire the following types of rounds:

– Daimler–Benz – w lipcu i sierpniu 1942 r. 10 pojazdów (75211–75220).

W listopadzie 1942 r. przystąpiono do montażu drugiej partii pojazdów, którą zakończono w sierpniu roku następnego. Było to 167 pojazdów, z czego w poszczególnych zakładach zbudowano:

– MNH – 82 sztuki od kwietnia do sierpnia 1943, numery w zakresie 76279–76360,

– MIAG – od lutego do maja 1943 r. 85 maszyn (77709–77793).

Główną różnicą w stosunku do poprzednich modeli „trójki" było podstawowe uzbrojenie czołgu. Jak już wspomniano, stanowiła go armata 7,5 cm KwK 37 L/24 o krótkiej lufie długości 1766 mm i szybkostrzelności wynoszącej około 12 strz./min. Poruszała się w pionie w zakresie od – 8° do + 20°, zaś w poziomie o 360°. Stosowano do niej celownik TzF 5b o polu widzenia 25° i powiększeniu 2,5 raza. Wyskalowany był na odległość 1200 m dla MG 34 i pocisków przeciwpancernych oraz 3000 m dla pocisków burzących. Uzbrojenie uzupełniały dwa karabiny maszynowe MG 34. Zapas amunicji wynosił 3750 nabojów do karabinów i 64 pocisków do armaty. Stosowano ich następujące rodzaje:

– odłamkowo–burzące (SprGr) – masa 5,73 kg, prędkość początkowa 450 m,

– przeciwpancerne (KgrRotPz) o masie 6,08 kg, prędkości początkowej 685 m/s, przebijał pancerz 41 mm (500 m) i 38 mm (1000 m).

– kumulacyjne: Gr38Hl/A – ciężar 4,40 kg, prędkość początkowa – 450 m/s, przebijał pancerz grubości 70 mm z dystansu zarówno 500 m jak i 1000 m; Gr38Hl/B – masa 4,57 kg, prędkość początkowa – 450 m/s, przebijał pancerz 75 mm z 500–1000 m; Gr38Hl/C – masa 4,80 kg, prędkość początkowa – 450 m/s, przebijał pancerz 100 mm na dystansie 500–1000 m,

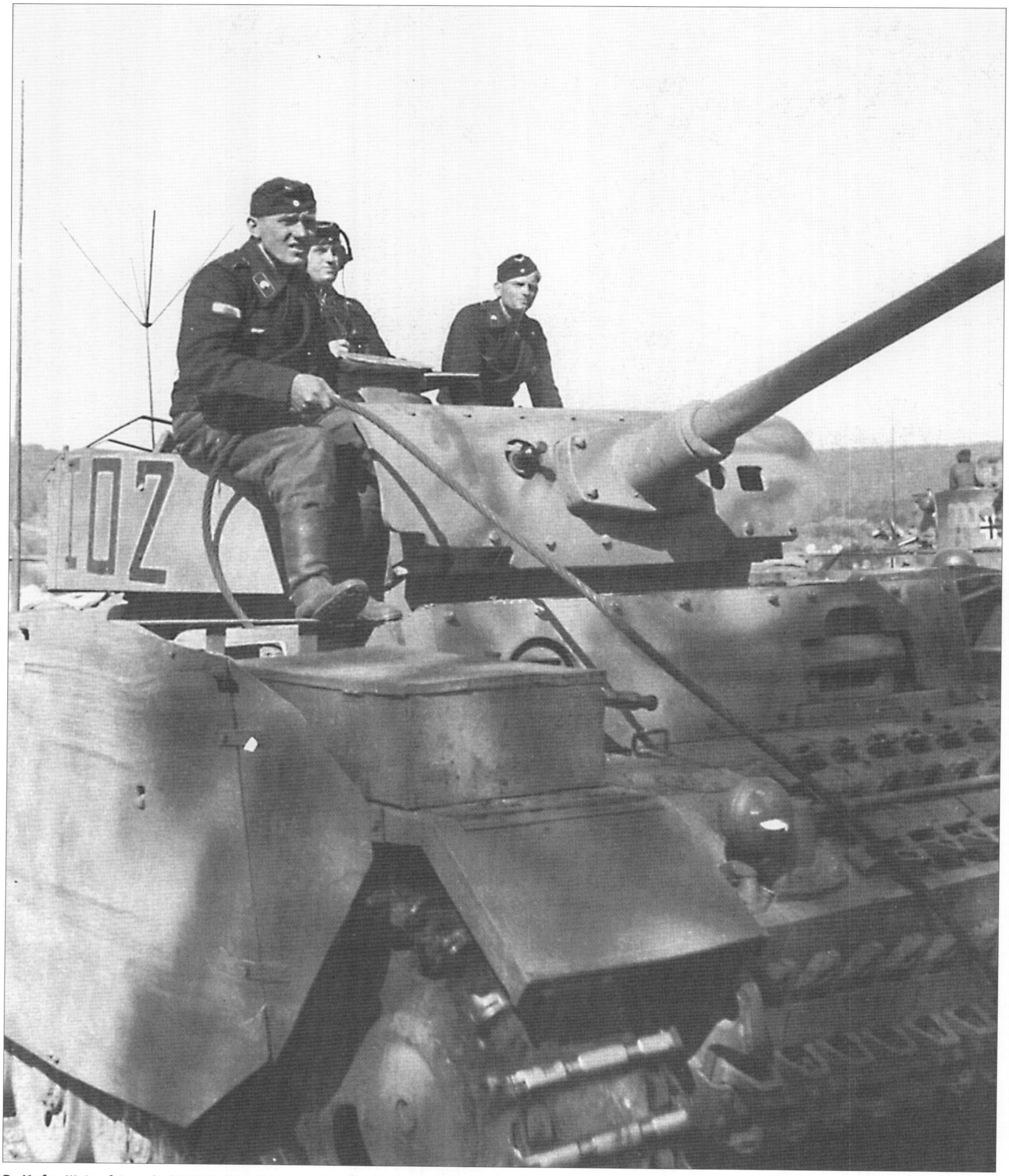

Pz.Kpfw. III Ausf. L coded "I 02" of staff I. Battalion led by Hptm. Horst Fortun of 25. Panzer-Regiment, 7. Panzer-Division and a Tiger coded "300" of sPzAbt 503. The 3rd company of Tigers supported the division in the initial phase of the Battle of Kursk. Hptm. Fortun was killed in action on 7th July 1943.

Pz.Kpfw. III Ausf. L numer I 02 ze sztabu I batalionu kapitana Horsta Fortuna z 25. ppanc 7. DPanc. oraz Tygrys numer 300 z 503. bczc. 3. kompania Tygrysów wspierała działania dywizji w początkowej fazie bitwy pod Kurskiem. Kapitan Fortun zginął 7 lipca 1943 roku. [via Robert Wróblewski]

– HE rounds (SprGr) – weight – 5.73 kg, muzzle velocity 450 m/s,

– AP rounds (KgrRotPz) – weight 6.08 kg, muzzle velocity 685 m/s. The round could penetrate 41 mm armor (500 m) or 38 mm armor at 1,000 m.

– dymne (Nebelgranate) o prędkości początkowej 455 m/s i masie 6,21 kg.

Część czołgów posiadała wieżyczki dowódcy identyczne jak w Pz.Kpfw. IV Ausf. G z opancerzeniem grubości 100 mm i jednoczęściowym włazem. W pojazdach z późniejszych

Obstlt. Adalbert Schulz with his adjutant next to a Pz.Kpfw. III Ausf. L of II. Battalion, 25. Panzer-Regiment, 7. Panzer-Division. Pz.Kpfw. III tanks were the mainstay of 7. Panzer-Division. Kursk area, July 1943.

Podpułkownik Adalbert Schulz ze swoim adiutantem oraz Pz.Kpfw. III Ausf. L z II batalionu 25. ppanc 7. DPanc. Czołgi Pz.Kpfw. III były podstawowym typem wozów bojowych 7. DPanc. Kursk, lipiec 1943 roku.[via Robert Wróblewski]

– HEAT rounds: Gr38Hl/A – weight 4.40 kg, muzzle velocity 450 m/s. This type of ammunition was effective against 70 mm armor at both 500 m and 1,000 m; Gr38Hl/B – weight 4.57 kg, muzzle velocity 450 m/s, capable of penetrating 75 mm armor at distances from 500 to 1,000 m; Gr38Hl/C – weight 4.80 kg, muzzle velocity 450 m/s. The round could penetrate 100 mm armor from 500 to 1,000 m,

– smoke shells (Nebelgranate) – weight 6.21 kg, muzzle velocity 455 m/s.

Some of the tanks featured cupolas identical to those used on the Pz.Kpfw. IV Ausf. G with a 100 mm armor protection and a one-piece hatch cover. Later production examples were equipped with one-piece entry hatch covers on turret's sides. Vehicles rolling off production lines from March 1943 onwards were factory-fitted with Schürzen protective plates. Additionally, until the late stages of the war, vehicles in service with combat units could receive Zimmerit anti-magnetic coating to better protect them against magnetic mines and shaped charges. Zimmerit paste was composed of polyvinyl acetate (commonly used as wood glue) – 25 percent, sawdust – 10 percent, barium sulfate – 40 percent, zinc sulfide – 10 percent and pigment (ochre) – 15 percent.

Per factory instructions Zimmerit was to be applied to vertical armored surfaces, but in the field it was liberally used on every surface that enemy infantry could possibly access, including horizontal surfaces. Zimmerit had a consistency of a thick paste or putty.

partii produkcyjnych stosowano jednoczęściowe drzwiczki na bokach wieży. Od marca 1943 r. montowano fabrycznie ekrany pancerne „Schürzen", zaś pojazdy, które znajdowały się w użyciu jeszcze w ostatnich latach wojny miały nakładany Zimmerit, czyli specjalną pastę ceramiczną, według różnych źródeł antymagnetyczną lub amagnetyczną (czyli posiadająca neutralny wpływ na magnesowanie), która utrudniała przyczepienie do pancerza przeciwczołgowych, magnetycznych ładunków wybuchowych. Jego skład to: polioctan winylu – szeroko używany jako klej do drewna - w roli spoiwa (25% całości), trociny (10%), siarczan baru (40%), siarczek cynku (10%) oraz jako barwnik ochra (15%).

Według instrukcji, Zimmerit nakładano na pionowe powierzchnie pancerza. W praktyce jednak lokowano go wszędzie tam, gdzie nieprzyjacielscy piechurzy mogli mieć dostęp – również na pancerz poziomy kadłuba. Miał on konsystencję rzadkiego kitu lub gipsu.

Tanks of regimental staff 15. Panzer-Regiment and staff II. Battalion, 11. Panzer-Division.

Czołgi sztabu 15. ppanc i sztabu II batalionu 11. DPanc.. Po lewej Pz.Kpfw. III Bef o numerze R01, po prawej Pz.Bef.Wg. III Ausf. K o numerze II 01 adiutanta II batalionu. Kursk, lipiec 1943 roku.[via Robert Wróblewski]

Tanks of staff II. Battalion, 15. Panzer-Regiment. To the left Pz.Bef.Wg. III Ausf. K coded "II 01", to the right Pz.Kpfw. III Ausf. L coded "II 00". Kursk area, July 1943 .

Czołgi sztabu II batalionu 15. ppanc. Z lewej Pz.Bef.Wg. III Ausf. K numer II 01, z prawej Pz.Kpfw. III Ausf. L numer II 00. Kursk, lipiec 1943 roku. [via Robert Wróblewski]

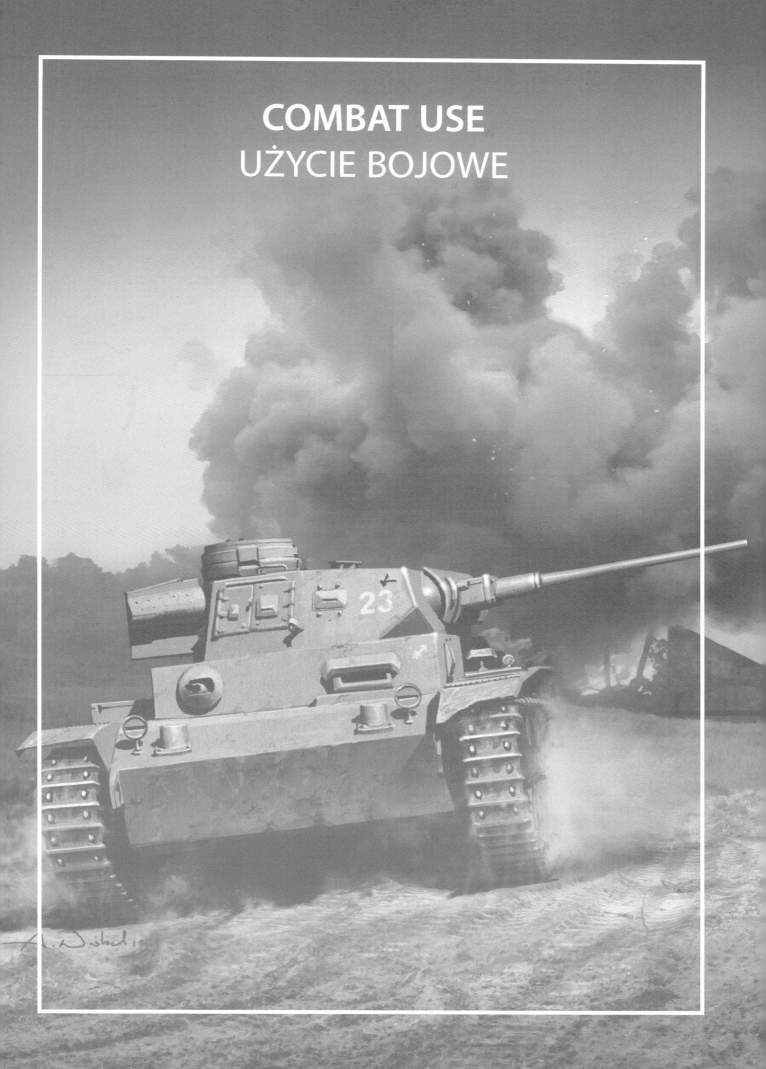

COMBAT USE
UŻYCIE BOJOWE

Pz.Kpfw. III Ausf. L coded "111". 27 Panzer-Regiment comprised two tank battalions: I. Battalion with four companies (1st, 2nd, 3rd and 4th) and II. Battalion with three companies (5th, 6th and 7th). Kursk area, July 1943.

Pz.Kpfw. III Ausf. L numer 111. 27. pułk pancerny posiadał dwa bataliony czołgów I w składzie czterech kompanii (1, 2, 3, 4), II trzech (5, 6, 7). Kursk lipiec 1943 roku. [via Robert Wróblewski]

SERVICE WITH PANZER UNITS AND A BRIEF COMBAT HISTORY

On the eve of invasion of Poland code-named Fall "Weiss" in September 1939 German forces had seven armored divisions (*Panzer-Division* 1., 2., 3., 4., 5., 10. and "Kempf"), as well as four light divisions (*Leichte-Division* 1., 2., 3. and 4.). Following the conquest and partition of Poland, the Third Reich began preparations for the invasion of France, Belgium, Holland and Luxembourg – Fall "Gelb". By that time German armored strength had increased to ten panzer divisions, including 6., 7., 8. and 9., which were formed after reorganization of the earlier light divisions. Also at that time panzer division "Kempf" was disbanded.

While the western campaign was still going on, German planners were busy working on a new armored forces development strategy. The plan was to establish ten new panzer divisions (11. – 20.), but a severe shortage of combat vehicles

ORGANIZACJA ODDZIAŁÓW I ZARYS UŻYCIA BOJOWEGO

W chwili ataku na Polskę we wrześniu 1939 r. (Fall „Weiss"), armia niemiecka dysponowała siedmioma dywizjami pancernymi (*Panzer-Division* 1., 2., 3., 4., 5., 10. i „Kempf") i czterema dywizjami lekkimi (*Leichte-Division* 1., 2., 3. i 4.). Po zajęciu i podziale Polski, III Rzesza obrała za cel ekspansji zachodnią część Europy – Francję, Belgię, Holandię i Luksemburg (Fall „Gelb"). Tym razem posiadała już dziesięć dywizji pancernych, w tym 6., 7., 8. i 9. powstałe z reorganizacji dotychczasowych dywizji lekkich. Jednocześnie likwidacji uległa improwizowana DPanc.. „Kempf".

Jeszcze w trakcie trwania kampanii na zachodzie opracowany został nowy plan rozwoju niemieckiej broni pancernej. Zakładał on utworzenie dziesięciu nowych dywizji pancernych (11.-20.). Jednakże niedobór wozów bojowych nie pozwalał na utrzymanie dotychczasowej organizacji jednostek. Powstanie nowych wymagało więc reorganizacji dywizji

meant that even the existing units could barely maintain adequate strength. In order to create new units, panzer divisions 1. – 10. would have to be reorganized by reducing the number of regiments in each division from three to two. The "surplus" units were then used to form new panzer divisions, each with just one tank regiment consisting of two squadrons. As a result, while the number of panzer units actually increased, the numbers of armored vehicles fielded by those units dropped.

First production examples of the Pz.Kpfw. III tanks armed with 5 cm KwK L/24 main guns began to roll off the assembly lines in mid-1940. Let us then have a closer look at changes that took place in organization of German panzer units in 1941. In the first half of that year the Third Reich was conducting combat operations on two major fronts simultaneously – in North Africa and in the Balkans. At that time each panzer division was to be composed of the division HQ (*Stab*), tank regiment (*Panzerregiment*, made up of two tank

1.-10., a mianowicie zmniejszenia ilości pułków pancernych z dwóch do jednego. „Zaoszczędzone" w ten sposób oddziały posłużyły do sformowania nowych dywizji - każda z nich miała posiadać jeden pułk pancerny w składzie dwóch dywizjonów. Dlatego też, o ile zwiększyła się ilość wielkich jednostek pancernych, jednocześnie zmniejszyła się w nich ilość wozów bojowych.

Pierwsze czołgi Pz.Kpfw. III z armatami 5 cm KwK L/24 zaczęły opuszczać niemieckie zakłady zbrojeniowe w drugiej połowie 1940 r. W związku z tym pod baczniejszą uwagę należy wziąć przemiany jakie zaszły w niemieckich wojskach pancernych w 1941 r. W pierwszej połowie tego roku III Rzesza prowadziła kampanie wojenne na dwóch frontach – w Afryce i na Bałkanach. W okresie tym każda dywizja pancerna miała składać się ze sztabu (*Stab*), pułku pancernego (*Panzerregiment*, w składzie dwóch dywizjonów pancernych – *Panzerabteilung*), brygady strzelców (*Schützenbrigade*) z dwoma pułkami (*Schützenregiment*) po dwa bataliony strzelców

Pz.Kpfw. III Ausf. L of staff II. Battalion from one of Panzer Regiments deployed in the eastern front in spring 1944.
Pz.Kpfw. III Ausf. L ze sztabu II batalionu jednego z pułków pancernych na froncie wschodnim wiosną 1944 roku.

squadrons – *Panzerabteilung*), rifle brigade (*Schützenbrigade*) with two rifle regiments (*Schützenregiment*), each consisting of two rifle battalions (*Schützenbataillon*) and a single motorcycle battalion (*Kradchützenbataillon*), artillery regiment (*Artillerieregiment*, composed of three artillery squadrons - *Artillerieabteilung*), engineer battalion (*Panzerpionierbataillon*), anti-tank battalion (*Panzerjägerabteilung*) and reconnaissance squadron (*Panzeraufklärungsabteilung*). Not surprisingly, the plan to establish full organizational and materiel uniformity across all divisions was never fully implemented.

On February 1, 1941 new organizational tables (*Kriegsstärke Nachweisung* – K.St.N.) were published providing detailed organization of a typical tank regiment, which was as follows:

– regimental HQ – *Stab Panzerregiment*, K.St.N. 1103(Sd),
– HQ signals platoon – *Nachrichtenzug Stab Panzerregiment*, K.St.N. 1193(Sd),
– light tank platoon – *leichte Panzerzug*, K.St.N. 1168(Sd),
– tank squadron HQ (two squadrons per regiment) – *Stab Panzrabteilung*, K.St.N. 1107(Sd),
– tank squadron HQ company – *Stabskompanie Panzerabteilung*, K.St.N. 1150(Sd),
– light tank company (two companies per squadron) – *leichte Panzerkompanie*, K.St.N. 1171(Sd),
– medium tank company – *mittlere Panzerkompanie*, K.St.N. 1175(Sd),
– reserve section – *Staffel Panzerabteilung*, K.St.N. 1178(Sd).

Given the above, Pz.Kpfw. III tanks should have been at that time assigned to regimental and squadron HQs (one vehicle each). Two squadrons made up a regiment, while each squadron consisted of a medium tank company and two

(*Schützenbataillon*) oraz batalion motocyklowy (*Kradchützenbataillon*), pułku artylerii (*Artillerieregiment*, trzy dywizjony - *Artillerieabteilung*), batalionu pionierów (*Panzerpionierbataillon*), dywizjonu przeciwpancernego (*Panzerjägerabteilung*) oraz dywizjonu rozpoznawczego (*Panzeraufklärungsabteilung*). Jak można się było spodziewać, nie udało się doprowadzić do pełnego ujednolicenia wszystkich dywizji, zarówno pod względem organizacyjnym, jak i sprzętowym.

Jeśli chodzi o szczegółową organizację pułku pancernego, z dniem 1 lutego 1941 r. opublikowane zostały nowe tabele organizacyjne (*Kriegsstärke Nachweisung* – K.St.N.). Obejmowały one następujące etaty:

– sztab pułku pancernego – *Stab Panzerregiment*, organizacja K.St.N. 1103(Sd),
– pluton łączności sztabu – *Nachrichtenzug Stab Panzerregiment*, K.St.N. 1193(Sd),
– lekki pluton pancerny – *leichte Panzerzug*, K.St.N. 1168(Sd),
– sztab dywizjonu pancernego (w pułku dwa dywizjony) – *Stab Panzrabteilung*, K.St.N. 1107(Sd),
– kompania sztabowa dywizjonu pancernego – *Stabskompanie Panzerabteilung*, K.St.N. 1150(Sd),
– lekka kompania pancerna (w dywizjonie dwie kompanie) – *leichte Panzerkompanie*, K.St.N. 1171(Sd),
– średnia kompania pancerna – *mittlere Panzerkompanie*, K.St.N. 1175(Sd),
– szwadron zapasowy – *Staffel Panzerabteilung*, K.St.N. 1178(Sd).

Biorąc pod uwagę powyższą organizację, w okresie tym czołgi Pz.Kpfw. III powinny znajdować się w sztabach pułku i dywizjonu pancernego (po jednym pojeździe). Dwa dywizjony tworzyło pułk, zaś dywizjon składał się z kompanii śred-

Pz.Kpfw. III coded "R 01" of Obst. Simmelmann-Lindenburg, 15. Panzer-Regiment commander, 11. Panzer-Division. In the Battle of Kursk the 11. Panzer-Regiment fielded II. and III. Battalion, each with three companies on strength. Staff companies were additionally equipped each with a platoon of Pz.Kpfw. III Flamm (flame thrower). Kursk area, July 1943.

Pz.Kpfw. III o numerze R 01 dowódcy 15. ppanc pułkownika Simmelmanna-Lindenburga z 11. DPanc.. W bitwie pod Kurskiem 11. pułk pancerny dysponował II i III batalionem, każdy po trzy kompanie. Kompanie sztabowe batalionów czołgów posiadały dodatkowo po plutonie Pz.Kpfw. III Flamm (miotacze ognia). Kursk, lipiec 1943 roku. [via Robert Wróblewski]

light tank companies with a platoon of Pz.Kpfw. II and three platoons of Pz.Kpfw. III tanks (five vehicles per platoon). In addition, company's HQ was supposed to field two Panzer IIIs. Medium tank company fielded 14 Pz.Kpfw. IVs and five Pz.Kpfw. IIs. In addition, each squadron was supposed to have a reserve section with four Panzer IIIs. In total, a tank regiment should have been equipped with 75 Pz.Kpfw. IIIs. Due to organizational differences between units, a tank regiment might have been made up of two or three squadrons, which translated into a varying numbers of Panzer III tanks in each unit – some may have fielded as many as 100 vehicles of that type.

Pz.Kpfw. IIIs armed with the 5 cm KwK L/24 gun first saw combat in North Africa. The first units of 5th Light Division (not to be confused with light divisions fighting in Poland) began arriving in Tripoli in March 1941. Among them was 5th Tank Regiment with its two squadrons and 61 Panzer III tanks armed with the 5 cm KwK L/24 guns (ten of the unit's tanks were lost in transit to Africa).

niej czołgów i dwóch kompanii lekkich z jednym plutonem Pz.Kpfw. II i trzema plutonami Pz.Kpfw. III (po pięć maszyn w każdym). Dodatkowo sekcja dowodzenia kompanii miała posiadać dwa czołgi tego typu. Kompania średnia liczyła 14 Pz.Kpfw. IV i pięć Pz.Kpfw. II. W dywizjonie miał znajdować się również szwadron czołgów zapasowych z czterema „trójkami". Ogółem w pułku miało znajdować się 75 czołgów Pz.Kpfw. III. Wskutek różnic w organizacji, pułki mogły posiadać od dwóch do trzech dywizjonów, co przekładało się na większą ilość czołgów – mogły one posiadać ponad 100 pojazdów typu Panzer III.

Pierwsze czołgi Pz.Kpfw. III z armatami 5 cm KwK L/24 wzięły udział w działaniach wojennych w Afryce. W marcu 1941 r. w Trypolisie wyładowały się oddziały 5. DLek. (nie miała ona nic wspólnego z dywizjami lekkimi, które brały udział w kampanii w Polsce), w składzie której znalazł się dwudywizjonowy 5. pułk pancerny z 61 „trójkami" uzbrojonymi w armaty 5 cm KwK L/24 (10 kolejnych pojazdów tego typu zostało straconych podczas transportu morskiego).

Pz.Kpfw. III Ausf. M coded "231" of 24. Panzer-Regiment, 24. Panzer-Division, Stalingrad area, summer 1942.
Pz.Kpfw. III Ausf. M numer 231 z 24. ppanc 24. DPanc. w marszu na Stalingrad latem 1942 roku. [via Robert Wróblewski]

On April 2 the regiment went into action when the tanks from the II Battalion clashed with 20 British cruiser tanks near Agedabiya. The Germans emerged victorious from the engagement, destroying eight enemy vehicles for a loss of a Pz.Kpfw. I and two Pz.Kpfw. IIIs. Later in April the regiment received ten new Panzer III vehicles. Many of the unit's tanks were lost to malfunctions while in transit to Tobruk area, so by April 11 the 5th Regiment had just 25 tanks on strength. Several days later only nine vehicles were in combat-ready condition, out of the original 71 machines fielded by the unit not that many days before. High attrition rate of combat vehicles was finally checked when *Trop* versions began to arrive in theater, featuring improved cooling systems and ventilation, as well as more effective air filters.

In late March elements of 15th Panzer Division began to arrive at Tripoli, joining the 5th Light Division on the African front. The Division's 8th Tank Regiment had 71 Pz.Kpfw. IIIs on strength armed with 5 cm KwK L/42 guns. German and Italian units soon joined the fighting around Tobruk. In mid-June both German divisions took part in fighting at Fort Capuzzo where the British lost 65 Mark II infantry tanks and 29 cruiser tanks, some of which fell victim to German 88 mm AA guns. German losses were a lot more modest – 5th Light Division lost four machines (including two Panzer IIIs), while 15th Panzer Division lost eight tanks, including four Pz.Kpfw. IIIs.

In the months to follow both sides continued fighting around Tobruk with mixed fortunes. In November the British launched operation "Crusader" designed to break the siege of the city. At that time 15. PzDiv fielded 77 Pz.Kpfw. IIIs, in addition to: Pz.Kpfw. II – 42 examples, Pz.Kpfw. IV – 21, command tanks – 10, captured enemy tanks – 5. 5th Light Division (which in August was renamed 21. PzDiv) had the follow-

5. pułk pancerny wszedł do akcji już w dniu 2 kwietnia – czołgi jego II batalionu starły się w rejonie Agedabii z około 20 brytyjskimi czołgami krążowniczymi, niszcząc od sześciu do ośmiu wozów bojowych wroga, przy stracie jednego Pz.Kpfw. I oraz dwóch Pz.Kpfw. III. W kwietniu pułk otrzymał uzupełnienia w postaci 10 kolejnych „trójek". Przemarsz w rejon Tobruku skutkował wieloma pozostawionymi po drodze wskutek awarii wozami bojowymi. Na przykład w dniu 11 kwietnia w 5. pułku pancernym znajdowało się zaledwie 25 czołgów. Dwa dni później, spośród posiadanych nieco wcześniej 71 Pz.Kpfw. III, gotowych do akcji było 9. Sytuacja pod względem technicznym poprawiła się po wprowadzeniu do służby czołgów w wersji *Trop*, z ulepszonym systemem chłodzenia i wentylacji oraz i nowymi filtrami powietrza.

Od końca marca do Trypolisu przybywały oddziały niemieckiej 15. DPanc.., dołączając do 5. DLek. na froncie afrykańskim. 8. pułk pancerny tej dywizji dysponował 71 czołgami Pz.Kpfw. III uzbrojonymi w armaty 5 cm KwK L/42. Niemieckie i włoskie jednostki wkrótce zaangażowały się w walki o Tobruk i w jego rejonie. W połowie czerwca obie niemieckie dywizje pancerne uczestniczyły w bojach pod Capuzzo. W ich wyniku Brytyjczycy utracili 65 czołgów piechoty Mk II i 29 czołgów krążowniczych, między innymi w wyniku ognia niemieckich dział przeciwlotniczych kal. 88 mm. Straty niemieckie były znacznie mniej dotkliwe – w 5. DLek. cztery czołgi (w tym dwa Pz.Kpfw. III), zaś w 15. DPanc.. osiem maszyn, z czego cztery „trójki".

W następnych miesiącach walki na froncie pod Tobrukiem toczyły się ze zmiennym szczęściem. Tymczasem w listopadzie Brytyjczycy przeprowadzili operację „Crusader" mającą na celu odblokowanie twierdzy. W tym czasie niemiecka 15. DPanc.. posiadała na stanie 77 Pz.Kpfw. III (pozostałe wozy

Pz.Kpfw. III Ausf. M of staff Panzer-Regiment Panzer-Grenadier-Division "Großdeutschland" Kharkov area, March 1943.
Pz.Kpfw. III Ausf. M ze sztabu ppanc DGrenPanc „Großdeutschland" w czasie walk o Charków w marcu 1943 roku. [via Robert Wróblewski]

ing vehicles on strength: 68 Pz.Kpfw. IIIs, 35 Pz.Kpfw. IIs, 17 Pz.Kpfw. IVs and 4 command vehicles. As can be seen, Panzer III tanks constituted the bulk of the divisions' strength, so it is no wonder that they played an important role in thwarting the British offensive.

Before long Pz.Kpfw. IIIs armed with the 5 cm KwK 39 L/60 guns also began to arrive in North Africa, and quickly earned a moniker "Mark III Special" bestowed on them by the British. On the eve of the Battle of Gazala German 15th and 21st Panzer Divisions operating in North Africa had 134 and 122 Pz.Kpfw. IIIs on strength, respectively (including 3 and 15 examples armed with new main guns). Despite winning the battle, the Germans suffered heavy losses inflicted by American M3 Lee tanks and their British derivatives – Grants, which were heavily armed and armored. By June 1942 no fewer than 172 Panzer IIIs had been lost. Nonetheless, until the American "Shermans" arrived in theater, the Pz.Kpfw. IIIs could more or less hold their own against Allied armor. After the "Shermans" made their combat debut in Africa in mid-1942, Panzer IIIs became sitting ducks, which soon found its reflection in rapidly rising numbers of combat losses. For example, on October 23, 1942, during fighting at El Alamein, 8th Tank Regiment, 15th Panzer Division had 87 Pz.Kpfw. III tanks on strength, out of a total of 121 combat vehicles, while 5th Tank Regiment, 21st Panzer Division had 96 examples of the type among its com-

bojowe to: Pz.Kpfw. II – 42 sztuki, Pz.Kpfw. IV – 21, czołgi dowodzenia – 10, czołgi zdobyczne - 5), zaś 21. DPanc.. (przemianowana w sierpniu z 5. DLek.) – 68 Pz.Kpfw. III, a także 35 Pz.Kpfw. II, 17 Pz.Kpfw. IV i 4 czołgi dowodzenia. Jak widać „trójki" stanowiły główną siłę bojową niemieckich jednostek, nie dziwi więc, że odegrały dużą rolę w powstrzymaniu brytyjskiej ofensywy.

Z czasem na front afrykański trafiły Pz.Kpfw. III uzbrojone w armaty 5 cm KwK 39 L/60, które zostały nazwane przez Brytyjczyków Mark III Special. W przeddzień walk pod Gazelą, w dniu 25 maja 1942 r. działające w Afryce 15. i 21. Dywizje Pancerne posiadały na stanie odpowiednio 134 i 122 Pz.Kpfw. III (w tym 3 i 15 czołgów z nowymi armatami). Pojawienie się w Afryce amerykańskich czołgów M3 Lee (oraz brytyjskich Grant, będących ich brytyjską odmianą), cięższej uzbrojonych i dobrze opancerzonych skutkowała ciężkimi stratami po stronie niemieckiej, mimo formalnej wygranej. Do czerwca 1942 r. ubytek samych tylko „trójek" wyniósł 175 maszyn. Mimo wszystko, dopóki na froncie afrykańskim nie pojawiły się amerykańskie czołgi średnie „Sherman", szanse Pz.Kpfw. III w starciach z wozami bojowymi Aliantów były dosyć wyrównane. Po wejściu do służby „Shermanów" około połowy 1942 r., niemieckie „trójki" okazały się być bez większych szans, co zresztą szybko znalazło wyraz w ponoszonych stratach. Dla przykładu, podczas działań w rejonie El Alamein na dzień 23 października 1942 r. w 8. pułku pancernym 15. DPanc.., na ogól-

Pz.Kpfw. III Ausf. M, summer 1943. The vehicle bears a distinctive camouflage of dark-yellow base color with stripes of olive-green hand-brushed over it.

Pz.Kpfw. III Ausf. M latem 1943 roku. Pojazd posiada charakterystyczny kamuflaż, na podstawowy kolor ciemnożółty nałożony pędzlem kolor oliwkowozielony. [via Robert Wróblewski]

plement of 143 tanks. By December 2 the Germans had lost 29 Pz.Kpfw. IIs, 161 Pz.Kpfw. IIIs, 31 Pz.Kpfw. IVs and 8 command vehicles. Both units were left with a total of 64 combat vehicles, including just 30 Panzer III tanks.

After the Battle of El Alamein, whatever was left of Rommel's force retreated westwards. In the meantime, elements of 10. PzDiv arrived in Tunisia in December 1942, bringing with them 89 Pz.Kpfw. IIIs. In 1943 two heavy tank squadrons (not full strength) also arrived in North Africa – 501. and 504. The former fielded 20 Pz.Kpfw. VI "Tiger" tanks and 25 Pz.Kpfw. III Ausf. Ns, while the latter brought 11 "Tigers" and 19 Pz.Kpfw. III Ausf. Ns. Despite some measure of success that joint German and Italian forces enjoyed in the Battle of Kasserine Pass, North Africa had already been lost for the Axis powers.

In Europe, six panzer divisions took part in the Balkan campaign, code-named Fall "Marita", which was launched in April 1941. German divisions had the following numbers of Panzer III examples on strength (armed both with 37 mm and 50 mm guns): 2. PzDiv - 71 examples (including 44 armed with 50 mm main guns), 5. PzDiv – 51 tanks (32 with 5 cm KwK L/24 guns), 9. PzDiv – 51 machines (including 29 armed with 50 mm guns), 11. PzDiv - 51 vehicles, of which 26 featured 5 cm KwK L/24 guns, and 14. PzDiv with their 51 Panzer IIIs, including 35 armed with 50 mm main guns. 8. PzDiv did not have any Panzer III tanks. The Germans lost a total of 21 tanks of that type, mostly due to accidents in rough, mountainous terrain, rather than in combat against the enemy with negligible armored potential.

Several months later, on June 22, 1941, the Third Reich launched Fall "Barbarossa" – an assault on the Soviet Union.

ną ilość 121 czołgów, znajdowało się 87 Pz.Kpfw. III, zaś w 5. pułku pancernym 21. DPanc.. - 96 „trójek" na 143 wozów bojowych. W toku walk, do 2 grudnia straty niemieckie wyniosły 29 wozów typu Pz.Kpfw. II, 161 Pz.Kpfw. III, 31 Pz.Kpfw. IV oraz 8 czołgów dowodzenia. W jednostkach pozostało ogółem 64 maszyny, z których 30 to Panzer III.

Po bitwie pod El Alamein, resztki sił Erwinna Rommla wycofywały się na zachód. Tymczasem w grudniu 1942 r. do Tunezji przybyły oddziały 10. DPanc.., w której znajdowało się między innymi 89 „trójek". W 1943 r. na froncie tym znalazły się również dwa dywizjony czołgów ciężkich (niepełne): 501. i 504. Pierwszy z nich posiadał 20 czołgów ciężkich Pz.Kpfw. VI „Tiger" i 25 Pz.Kpfw. III Ausf. N, zaś w drugim znajdowało się 11 „Tygrysów" i 19 Pz.Kpfw. III Ausf. N. Pomimo pewnych sukcesów uzyskanych podczas walk na przełęczy Kasserine, Afryka była stracona dla połączonych sił włosko-niemieckich.

Jeśli chodzi o europejski teatr działań wojennych, w kampanii bałkańskiej (Fall „Marita") mającej miejsce w kwietniu 1941 r., udział wzięło sześć dywizji pancernych. Dysponowały one następującymi ilościami czołgów Pz.Kpfw. III, uzbrojonymi zarówno w armaty kal. 37 mm jak i 50 mm: 2. DPanc.. - 71 wozów bojowych (w tym 44 z armatami kal. 50 mm), 5. DPanc.. – 51 pojazdów (w tym 32 z 5 cm KwK L/24), 9. DPanc.. – 51 „trójek" (w tej liczbie 29 z armatami kal. 50 mm), 11. DPanc.. - 51 czołgów, z czego 26 z 5 cm KwK L/24), wreszcie w 14. DPanc.. 51 wozów – w tym 35 z armatami kal. 50 mm. W 8. DPanc.. nie było Panzer III. Straty w czołgach Pz.Kpfw. III wyniosły 21 maszyn, jednak z uwagi na małą ilość sprzętu pancernego wśród obrońców, były one często wynikiem wypadków w trudnym górzystym terenie.

Despite the ever smaller numbers of Panzer IIIs with 37 mm guns in active service, on June 1, 1941 the Germans still operated 350 such tanks, in addition to 1,090 examples of vehicles armed with the 50 mm main gun. Table 2 presents a list of German panzer divisions fielding Pz.Kpfw. III tanks (other units have been omitted).

Tab. 2. German panzer divisions fielding Pz.Kpfw. III tanks on the eve of the invasion of the USSR

Division	Combat vehicles in total	Total number of Pz.Kpfw. III	Pz.Kpfw. IIIs Armed with 37 mm gun	Armed with 50 mm gun
1. PzDiv	145	71	-	71
3. PzDiv	215	110	29	81
4. PzDiv	177	31	31	-
9. PzDiv	143	71	11	60
10. PzDiv	182	105	-	105
11. PzDiv	143	71	24	47
13. PzDiv	149	71	27	44
14. PzDiv	147	71	15	56
16. PzDiv	146	71	23	48
17. PzDiv	202	106	-	106
18. PzDiv	218	114	99	15

Source: Jentz Thomas, Panzertruppen. The Complete Guide to the Creation & Combat Employment of Germany's Tank Force 1933-1942, Atglen 1996.

On the Eastern Front, almost from day one of combat operations, Panzerwaffe had their work cut out for them, despite significant progress being made. German armored vehicles had a tough time fighting against Soviet heavy KV tanks and medium T-34s, especially since ever greater numbers of the latter were being sent into combat. In September 1941 1. PzDiv's strength included 43 combat-ready Pz.Kpfw. IIIs, 13 in maintenance depots and 15 listed as total losses. 17. PzDiv had only 20 serviceable Panzer III tanks, 47 undergoing maintenance, while 39 were classed as write-offs. Reports pro-

Po kilku miesiącach, 22 czerwca 1941 r. III Rzesza uderzyła na ZSRS (Fall „Barbarossa"). Mimo stopniowego zmniejszania się liczby „trójek" z armatą kal. 37 mm, na dzień 1 czerwca 1941 r. na stanie wojsk niemieckich znajdowało się jeszcze 350 takich pojazdów oraz 1090 uzbrojonymi w armaty kal. 50 mm. W tabeli nr 2 znajduje się zestawienie niemieckich dywizji pancernych wyposażonych w czołgi Pz.Kpfw. III (pominięto pozostałe jednostki).

Tab. 2. Zestawienie niemieckich dywizji pancernych wyposażonych w czołgi Pz.Kpfw. III w przeddzień ataku na ZSRS

Dywizja	Ogółem czołgów	W tym czołgów Pz.Kpfw. III Ogółem Pz.Kpfw. III	W tym z armatami kal. 37 mm	W tym z armatami kal. 50 mm
1. DPanc..	145	71	-	71
3. DPanc..	215	110	29	81
4. DPanc..	177	31	31	-
9. DPanc..	143	71	11	60
10. DPanc..	182	105	-	105
11. DPanc..	143	71	24	47
13. DPanc..	149	71	27	44
14. DPanc..	147	71	15	56
16. DPanc..	146	71	23	48
17. DPanc..	202	106	-	106
18. DPanc..	218	114	99	15

Źródło: Jentz Thomas, Panzertruppen. The Complete Guide to the Creation & Combat Employment of Germany's Tank Force 1933-1942, Atglen 1996.

Walki w ZSRS, mimo znacznych postępów, praktycznie od początku dawały się we znaki Panzerwaffe. Niemieckie wozy bojowe nie dawały sobie rady z sowieckimi ciężkimi czołgami KW i średnimi T-34, a tych ostatnich z czasem coraz więcej przybywało. We wrześniu 1941 r. na przykład w 1. DPanc.. w linii znajdowało się 43 Pz.Kpfw. III, 13 w warsztatach, zaś bezpowrotnie straconych było 15 maszyn. Z kolei w 17. DPanc..

Tanks of regimental staff's light platoon, 1. Panzer-Regiment SS, 1. Panzer-Grenadier-Division "Leibstandarte Adolf Hitler". In the foreground Pz.Kpfw. III Ausf. M coded "060". Tanks of regimental staff wore untypical tactical codes; the vehicle of light platoon's commander was marked with "065". Kursk area, July 1943.

Czołgi plutonu lekkiego sztabu 1.ppanc SS DGrenPanc SS „LAH". Na pierwszym planie Pz.Kpfw. III Ausf. M o numerze 060. Czołgi sztabu pułku nosiły nietypowe kody numerowe, gdzie wóz dowódcy plutonu lekkiego posiadał numer 065. Kursk, lipiec 1943 roku.[via Robert Wróblewski]

Pz.Kpfw. III Ausf. M of 3. Panzer-Regiment, 2. Panzer-Division, with clearly visible unit emblem. In the Battle of Kursk the division used only 12 vehicles of this type.

Pz.Kpfw. III Ausf. M z 3. ppanc 2. DPanc. z doskonale widocznym godłem. W bitwie pod Kurskiem dywizja użyła tylko 12 tego typu pojazdów. Kursk, lipiec 1943 roku. [via Robert Wróblewski]

Tanks of 3. Panzer-Regiment, 2. Panzer-Division destroyed on a mine field in Ponyri area.

Czołgi 3. ppanc 2. DPanc. zniszczone na polu minowym w rejonie Ponyri. Z lewej Pz.Kpfw. III Ausf. M z prawej Pz.Kpfw. III Bef. Kursk, lipiec 1943 roku. [via Robert Wróblewski]

duced in late 1941 suggest that as many as 660 Pz.Kpfw. III vehicles were either lost, or required factory-level maintenance and/or repairs. At the same time there were 180 examples of that tank in frontline service with 254 machines undergoing depot-level maintenance.

The plan to expand the Panzerwaffe's strength to 30 divisions, still feasible in early 1941, was now in need of urgent modification. To compensate for the losses suffered on the

w linii było zaledwie 20 „trójek", 47 było w reperacji, zaś straty bezpowrotne wyniosły 39 czołgów. Według raportów z końca 1941 r., aż 660 czołgów typu Pz.Kpfw. III zostało utraconych bezpowrotnie lub też wymagało reperacji w zakładach przemysłowych. Jednocześnie w linii znajdowało się 180 „trójek", zaś dalszych 254 naprawianych było w polowych warsztatach.

Plan rozwinięcia wojsk pancernych do 30 dywizji pancernych, który wydawał się realny jeszcze w początkach 1941 r.,

Destroyed Pz.Kpfw. III Ausf. M coded "111" of 3. Panzer-Regiment SS, 3. Panzer-Grenadier-Division SS "Totenkopf". Kursk area, July 1943.
Zniszczony Pz.Kpfw. III Ausf. M numer 111 z 3. ppanc SS DGrenPanc SS „Totenkopf". Kursk, lipiec 1943 roku. [via Robert Wróblewski]

Eastern Front, seven new panzer divisions (21. to 27.) were formed in mid-1941 and through 1942, based on the establishment orders of November 1, 1941. Compared to the earlier establishment figures from February 1, there were no significant organizational differences and, what follows, numbers of tanks allocated to individual regiments also remained largely unchanged.

There were, inevitably, some differences in strength between individual units – some regiments consisted of three, rather than two squadrons, which obviously affected the number of vehicles on strength. Some of the newly formed divisions deployed to the Eastern Front. The list of those units can be found in Table 3. As can be clearly seen the numbers of Pz.Kpfw. III tanks in those units were significantly above earlier establishments, which may suggest that some of the regiments consisted of three tank squadrons.

Tab. 3. German panzer and mechanized divisions equipped with Pz.Kpfw. III tanks deployed to the Eastern Front in 1941 and 1942

Division	Combat vehicles in total	Pz.Kpfw. IIIs		
		Total number of Pz.Kpfw. III	Armed with 37 mm gun	Armed with 50 mm gun
2. PzDiv	194	105	-	105
5. PzDiv	186	105	-	105
23. PzDiv	181	112	-	112
24. PzDiv	182	111	-	111
SS-Division (mot) "Wiking"	53	36	-	36
Panzergrenadier Division "Grossdeutschland"	45	2	-	2
203rd Tank Regiment	142	71	-	71

Source: Jentz Thomas, Panzertruppen. The Complete Guide to the Creation & Combat Employment of Germany's Tank Force 1933-1942, Atglen 1996.

1943 saw two major defeats of German forces on the Eastern Front. The first one was the surrender of the 6th Army at Stalingrad. During that time 1,053 Panzer III tanks were lost. In July 1943 German offensive at Kursk ended in a major victory for the Red Army. Finally, in August 1943 production

został szybko zweryfikowany i zmodyfikowany. Wskutek strat ponoszonych na froncie wschodnim, w drugiej połowie 1941 r. i w ciągu 1942 r. sformowano siedem nowych dywizji pancernych (od 21. do 27.) na podstawie etatu z 1 listopada 1941 r. W stosunku do etatu z 1 lutego nie przewidywał znaczących zmiany organizacyjnych, a co za tym idzie różnic w ilości czołgów Pz.Kpfw. III w pułkach.

Oczywiście istniały odchyły od etatów - bywało, że niektóre pułki pancerne posiadały po trzy dywizjony, co automatycznie przekładało się na większą ilość czołgów. Część z tych nowoformowanych dywizji pancernych trafiła na front wschodni. Ich zestawienie znajduje się w tabeli nr 3. Jak doskonale widać, nasycenie jednostek czołgami Pz.Kpfw. III było znacznie większe niż w poprzednich etatach, co sugeruje, że niektóre pułki posiadało po trzy dywizjony pancerne.

Tab. 3. Zestawienie niemieckich dywizji pancernych i zmotoryzowanych wyposażonych w czołgi Pz.Kpfw. III, wysłanych na front wschodni w 1941 i 1942 r.

Dywizja	Ogółem czołgów	W tym czołgów Pz.Kpfw. III		
		Ogółem Pz.Kpfw. III	W tym z armatami kal. 37 mm	W tym z armatami kal. 50 mm
2. DPanc..	194	105	-	105
5. DPanc..	186	105	-	105
23. DPanc..	181	112	-	112
24. DPanc..	182	111	-	111
DZmot. SS „Wiking"	53	36	-	36
DZmot. „Grossdeutschland"	45	2	-	2
203. pułk pancerny	142	71	-	71

Źródło: Jentz Thomas, Panzertruppen. The Complete Guide to the Creation & Combat Employment of Germany's Tank Force 1933-1942, Atglen 1996.

Rok 1943 to dwie duże klęski niemieckich wojsk na froncie wschodnim. Pierwszą była kapitulacja w lutym 6. Armii pod Stalingradem. Podczas walk w tym okresie ubyło aż 1053 Panzer III. Z kolei w lipcu tego roku odbyła się niemiecka ofensywa na łuku kurskim, która zakończyła się sukcesem Armii Czerwonej.

Destroyed Pz.Kpfw. III Ausf. M coded "111" and "115" 3. Panzer-Grenadier-Division SS "Totenkopf". Kursk area, July 1943.
Zniszczone Pz.Kpfw. III Ausf. M numer 111 i 115 z dywizji „Totenkopf". Kursk, lipiec 1943 roku.[via Robert Wróblewski]

of Panzer III tanks was discontinued. At the same time, new organizational tables provided guidelines for standard establishment of a tank regiment consisting of two armored squadrons: one fielding Pz.Kpfw IV medium tanks, the other equipped with Pz.Kpfw. V "Panther". Panzer IIIs that still remained in service were delegated to auxiliary roles, except the Ausf. N models that still lingered on in frontline service having been taken on strength by heavy tank battalions. However, production of Panzer III chassis did continue for use in assault guns (some of the Panzer III withdrawn from service were also used for the same purpose).

CONCLUSION

The vehicle described in this book played a key role in the early years of the war as the workhorse of German Panzerwaffe. According to early requirements, it was initially used to combat enemy vehicles and it did perform that task quite successfully. However, with the introduction of more modern, better armed and armored vehicles, its combat effectiveness began to decrease. Even fitting the tank with more powerful, 50 mm or even 75 mm main gun (the former being short-barreled models adapted from Pz.Kpfw. IV), didn't help much.

It's not easy to formulate an authoritative judgment of the Pz.Kpfw. III. In standard combat conditions the tank performed well, without major mechanical issues. Things looked much different in North Africa, where high ambient

Ostatecznie w sierpniu 1943 r. zarzucono budowę „trójek", zaś nowo opracowany etat pułku pancernego przewidywał dwa dywizjony pancerne, jeden wyposażony w pełni w czołgi średnie Pz.Kpfw. IV, zaś drugi w Pz.Kpfw. V „Panther". Pozostałe jeszcze „trójki" spychane były do zadań pobocznych i pomocniczych, w linii pozostawały jeszcze Pz.Kpfw. III Ausf. N w batalionach czołgów ciężkich. Produkcja podwozi Panzer III trwała jednak nadal, wykorzystywano je natomiast do produkcji dział samobieżnych (podobnie jak część wycofywanych czołgów tego typu).

ZAKOŃCZENIE

Pojazd będący obiektem niniejszego opracowania odegrał niebagatelną rolę podczas pierwszych lat II wojny światowej jako podstawowy czołg niemieckiej Panzerwaffe. Zgodnie ze wstępnymi wytycznymi, początkowo służył do zwalczania nieprzyjacielskich wozów bojowych i rolę tą spełniał w wystarczającym stopniu. Jednakże w związku z szybkim rozwojem broni pancernej i pojawieniem się nowocześniejszych pojazdów, lepiej opancerzonych i uzbrojonych, jego skuteczność zmalała. Nie pomogło przy tym przezbrojenie w armaty większego kalibru, najpierw 50 mm, a potem 75 mm (krótkolufowe armaty pochodzące z czołgów Pz.Kpfw. IV).

Ostateczna ocena czołgów Pz.Kpfw. III nie jest łatwa. W standardowych warunkach wojennych nie sprawiał większych problemów technicznych. Inaczej sprawa miała się w przypadku frontu afrykańskiego (nadmierne nagrzewania się podzespołów skutkujące wzmożonymi awariami) lub

temperatures led to overheating of tank components and frequent malfunctions, or in harsh winter environment in Russia. Adverse operating conditions did stimulate introduction of various improvements to the basic design of the tank, just as much as changing tactical requirements led to outfitting the vehicle with thicker armor or more powerful armament. However, the size of the vehicle itself was a limiting factor in the scope of improvements and modifications that could be performed.

One way of assessing the true value of the Panzer III is to compare it to its adversaries of similar class. However, due to differences in armored warfare doctrines adopted by the Third Reich and other nations, which in fact had a profound impact on the types of armored combat vehicles that each country designed and built (the case in point being Great

też w specyficznym rosyjskim klimacie (ciężkie zimy). Niesprzyjające warunki wymogły wprowadzenie szeregu zmian konstrukcyjnych. Z kolei potrzeby taktyczne stały za zwiększaniem grubości pancerza oraz wprowadzaniem lepszego uzbrojenia, jednakże ograniczona wielkość czołgu nie pozwalała na zbyt daleko idące modyfikacje tego typu.

Jednym z elementów oceny Panzer III powinno być porównanie z czołgami podobnej klasy w armiach przeciwników III Rzeszy. Z uwagi na odmienne doktryny użycia broni pancernej, a tym samym inne rodzaje czołgów u przeciwników III Rzeszy (mowa tu głównie o Wielkiej Brytanii, która w chwili wejścia do produkcji Pz.Kpfw. III z armatami kal. 50 mm była jej głównym wrogiem, a gdzie istniał podział na czołgi szybkie/krążownicze i czołgi piechoty), nie łatwo znaleźć odpowiedniki tytułowego czołgu w innych armiach. W związku z tym zasad-

Tab. 4. Key tactical and technical characteristics

	Pz.Kpfw. III Ausf. J/L/M/N	Cruiser Tank Mk VI Crusader II	M3 Lee	T-34 model 1941
Crew	5	4	6	4
Weight	21.5-23 t	19 t	28 t	28 t
Length	5.38-6.41 m	5.98 m	5.63 m	5.92 m
Width	2.95 m	2.76 m	2.64 m	3.00 m
Height	2.50 m	2.23 m	3.12 m	2.4 m
Clearance	0.38 m	0.40 m	0.43 m	0.40 m
Engine and cooling method	gasoline, liquid cooled	gasoline, liquid cooled	gasoline, air cooled	Diesel, liquid cooled
Engine power	285 hp at 2,800 rpm.	340 hp at 1,500 rpm.	250 hp at 2,400 rpm.	500 hp at 1,800 rpm.
Road speed	40 km/h	43 km/h	34 km/h	55 km/h
Range (road/cross-country)	165/95 km	300/180-200 km	190/n/a	300/250 km
Fuel capacity	320 l	636 l	771 l	594 l
Armament	1 50 mm gun or 1 75 mm gun, 2 machine guns	1 40 mm gun, 1 machine gun	1 75 mm gun, 1 37 mm gun, 1 machine gun	1 76.2 mm gun, 2 machine guns
Ammunition supply	from 84 to 99 50 mm rounds or 64 75 mm rounds, 3,750 machine gun rounds	130 gun rounds, 2,500 machine gun rounds	50 75 mm rounds, 178 37 mm rounds, 9,200 machine gun rounds	77 gun rounds, 2,646 machine gun rounds
Hull armor	16-70 mm	9-32.7 mm	12.7-50.8 mm	20-45 mm
Turret armor	10-50 mm	9.53-49 mm	22.2-50,8 mm	20-52 mm
Gradient	30°		60°	35°
Fording	80 cm	100 cm	102 cm	140 cm
Trench	230 cm		229 cm	250 cm
Vertical obstacle	60 cm		61 cm	73 cm

Source: T. Jentz, H. Doyle, *Panzerkampfwagen III Ausf. E, F, G, und H development and production from 1938 to 1941*, Boyds 2007; T. Jentz, H. Doyle, *Panzerkampfwagen III Ausf. J, L, M, und N development and production from 1941 to 1943*, Boyds 2009; W. Gawrych, *M3 Lee Grant*, Warszawa 2000; M. Bariatinskij, *T-34*, Warszawa 2007; Z. Lalak, *Crusader. Bohater z przypadku*, „Technika Wojskowa Historia" 2010 nr 5.
Note: there are differences in data between publications..

Tab. 4. Porównanie podstawowych danych taktyczno-technicznych

	Pz.Kpfw. III Ausf. J/L/M/N	Cruiser Tank Mk VI Crusader II	M3 Lee	T-34 model 1941
Załoga	5	4	6	4
Masa	21,5-23 t	19 t	28 t	28 t
Długość	5,38-6,41 m	5,98 m	5,63 m	5,92 m
Szerokość	2,95 m	2,76 m	2,64 m	3,00 m
Wysokość	2,50 m	2,23 m	3,12 m	2,4 m
Prześwit	0,38 m	0,40 m	0,43 m	0,40 m
Silnik i sposób chłodzenia	benzynowy, chłodzony cieczą	benzynowy, chłodzony cieczą	benzynowy, chłodzony powietrzem	wysokoprężny, chłodzony cieczą
Moc silnika	285 KM przy 2800 obr./min.	340 KM przy 1500 obr./min.	250 KM przy 2400 obr./min.	500 KM przy 1800 obr./min.
Prędkość na drodze	40 km/h	43 km/h	34 km/h	55 km/h
Zasięg (droga/teren)	165/95 km	300/180-200 km	190/b.d.	300/250 km
Zapas paliwa	320 l	636 l	771 l	594 l
Uzbrojenie	1 armata kal. 50 mm lub 1 armata kal. 75 mm, 2 km-y	1 armata kal. 40 mm, 1 km	1 armata kal. 75 mm, 1 armata kal. 37 mm, 1 km	1 armata kal. 76,2 mm, 2 km-y
Zapas amunicji	od 84 do 99 pocisków kal. 50 mm lub 64 pociski kal. 75 mm, 3750 naboi do km-ów	130 pocisków do armaty, 2500 naboi do km-u	50 pocisków kal. 75 mm, 178 pocisków kal. 37 mm, 9200 naboi do km-u	77 pocisków do armaty, 2646 naboi do km-ów
Opancerzenie kadłuba	16-70 mm	9-32,7 mm	12,7-50,8 mm	20-45 mm
Opancerzenie wieży	10-50 mm	9,53-49 mm	22,2-50,8 mm	20-52 mm
Wzniesienia	30°		60°	35°
Brody	80 cm	100 cm	102 cm	140 cm
Rowy	230 cm		229 cm	250 cm
Ściany	60 cm		61 cm	73 cm

Źródło: T. Jentz, H. Doyle, *Panzerkampfwagen III Ausf. E, F, G, und H development and production from 1938 to 1941*, Boyds 2007; *T. Jentz, H. Doyle, Panzerkampfwagen III Ausf. J, L, M, und N development and production from 1941 to 1943*, Boyds 2009; W. Gawrych, *M3 Lee Grant, Warszawa 2000; M. Bariatinskij, T-34*, Warszawa 2007; Z. Lalak, Crusader. Bohater z przypadku, „Technika Wojskowa Historia" 2010 nr 5.
Uwaga: Dane te różnią się między sobą w różnych publikacjach.

Pz.Kpfw. III Ausf. M coded "115" of 3. Panzer-Grenadier-Division SS "Totenkopf". Note clearly visible divisional insignia on the rear armor plate. The insignia was introduced just prior to the Battle of Kursk. July 1943.

Pz.Kpfw. III Ausf. M numer 115. dywizji „Totenkopf z doskonale widocznym godłem dywizji na tylnej płycie pancernej. Godło wprowadzono bezpośrednio przed bitwą pod Kurskiem. Kursk, lipiec 1943 roku. [via Robert Wróblewski]

Pz.Kpfw. III Ausf. M o coded 135 of 3. Panzer-Grenadier-Division SS "Totenkopf". Note the lack of divisional insignia. Kursk area, July 1943.

Pz.Kpfw. III Ausf. M o numerze 135 z dywizji „Totenkopf" bez oznaczeń dywizyjnych. Kursk, lipiec 1943 roku. [via Robert Wróblewski]

Britain, which at the time of introduction of Panzer III with 50 mm gun was developing fast cruiser tanks and light infantry tanks), it's not easy to find the exact equivalents of the Pz/Kpfw. III used by the Allies. Having taken all that into consideration, it seems fair to stack the Panzer III against its most widely used contemporaries in foreign service. It seems that the closest equivalents would be the British Mark VI Crusader II, the U.S. M3 Lee (basic production variant manufactured between April 1941 and August 1942) and Soviet T-34 in 1941 configuration. A summary of key tactical and technical characteristics of each vehicle is presented in Table 4.

Depending on the version, the Panzer III was four to six tons lighter than the M3 or T-34, but two to four tons heavier than the Crusader. Panzer III's Ausf. M variant was longer than any of the other vehicles – 6.41 m against M3's 5.63 m, Crusader's 5.98 m and T-34's 6.13 m. However, the other versions of the German tank were actually much shorter, measuring between 5.38 and 5.73 m. The Panzer was also wider than the Crusader and M3 – 2.95 m against 2.76 m and 2.64 m, respectively. The T-34 was a very close match in this respect with its width of 3.00 m. In height, the German Panzer was again closely matched to the T-34 (each measuring around 2.5 m), while the Crusader was just below at 2.23 m. The US M3 was the highest of the four at 2.64 m, which, along with its boxy silhouette, made it a relatively easy target to acquire.

The only vehicle using a Diesel engine (500 hp liquid-cooled unit) was the Soviet T-34. The other tanks were all powered by gasoline engines, with the British and German vehicles equipped with liquid-cooled powerplants. The American M3 featured an air-cooled engine. In terms of mobility

nym wydaje się być porównanie wspomnianych wersji „trójki" z najliczniej produkowanymi wozami bojowymi używanymi w tym samym okresie. Wydaje się, że w przypadku Wielkiej Brytanii będą to pojazdy typu Cruiser Tank Mark VI Crusader II, Stanów Zjednoczonych - podstawowa wersja M3 Lee produkowana od kwietnia 1941 r. do sierpnia 1942 r., zaś Rosji - T-34 model z 1941 r. Zestawienie podstawowych danych taktyczno-technicznych wybranych pojazdów zawiera tabela nr 4.

Jeśli chodzi o masę, Pz.Kpfw. III, w zależności od wersji, był lżejszy o około cztery do sześciu ton niż M3 i T-34, zaś cięższy o ok. dwie-cztery tony niż Crusader II. Panzer III w wersji Ausf. M był dłuższy niż pozostałe porównywane pojazdy - 6,41 m w stosunku do 5,63 m M3 i 5,98 m Crusadera oraz 6,13 m T-34. Pozostałe wersje niemieckiego czołgu były z kolei znacznie krótsze i wahały się od 5,38 m do 5,73 m. Czołg niemiecki był natomiast szerszy niż Crusader i M3 (2,95 m w porównaniu do 2,76 m i 2,64 dla czołgów wspomnianych oponentów), a jednocześnie nieznacznie ustępował rosyjskiemu T-34 (3 m). Pod względem wysokości „trójka" porównywalna była do czołgu rosyjskiego (po ok. 2,5 m), niższy był brytyjski Crusader (2,23 m). Z kolei najwyższą sylwetkę posiadał amerykański M3 Lee (2,64 m), co, w zestawieniu z bardziej pudełkowatą sylwetką, sprawiało, że stanowił większy cel.

Spośród wszystkich czterech typów czołgów, tylko pojazd rosyjski napędzany był jednostką wysokoprężną o mocy 500 KM, chłodzoną cieczą. Pozostałe posiadały silniki benzynowe, przy czym w czołgach niemieckim i brytyjskim chłodzone były cieczą (ich moc wynosiła odpowiednio 285 i 340 KM), zaś w amerykańskim (moc 250 KM) - powietrzem. Pod względem prędkości maksymalnej Pz.Kpfw. III ustępował T-34, który mógł się poruszać z szybkością do 55 km/h), pozostawał natomiast na podobnym poziomie jak w pozostałych - od ok. 34 do ok. 42 km/h.

Pz.Kpfw. III Ausf. M coded "II 5" of light platoon, II. Battalion, 3 Panzer-Regiment SS, 3. Panzer-Grenadier-Division SS "Totenkopf". Kursk area, July 1943.
Pz.Kpfw. III Ausf. M numer II 5 z plutonu lekkiego II batalionu 3. ppanc SS dywizji „Totenkopf". Kursk, lipiec 1943 roku. [via Robert Wróblewski]

Column of tanks from 4th company of 15. Panzer-Regiment. In the foreground Pz.Kpfw. III Ausf. M coded "412". Note divisional insignia of 11. Panzer-Division visible to the left of the bow machine gun, used only during the Battle of Kursk.

Kolumna czołgów 4. kompanii 15. ppanc w marszu. Na pierwszym planie Pz.Kpfw. III Ausf. M o numerze 412. Na lewo od karabinu maszynowego przedniego strzelca pojazd posiada oznaczenie 11. DPanc. stosowane tylko pod Kurskiem. [via Robert Wróblewski]

performance, the Panzer III's speed was below the 55 km/h of the T-34, but quite on par with British and American vehicles (some 34 to 42 km/h).

Of the four tanks compared here, the Panzer III had the lowest fuel capacity of just 320 l, which was about one half of the US and British vehicles (771 l and 636 l). Even the T-34 could carry more fuel (594 l), which allowed the tank to travel 300 km on the roads or 250 km in cross-country conditions. The Crusader had similar performance in that respect – 300 and 200 km. The German tank came in last in this category with a road range of just 165 km or 95 in off-road operations. Even the fuel-guzzling M3 did better: it could cover a distance of 190 km traveling on hard surfaces.

In terms of dealing with terrain obstacles the German tanks were on par with their foreign contemporaries. Both Panzer III and the M3 could manage a similar vertical obstacle (60 – 61 cm), while the British Crusader was a bit better at 68 cm. The T-34's ability to deal with 73 cm vertical obstacle made it the leader of the pack. In trench crossing the tanks once again had very similar performance – both the US and German vehicles could manage a trench of 229 – 230 cm. British and Soviet vehicles did better – 260 cm and 250 cm, respectively. Panzer III Ausf. M had a fording capability of 160 cm, which made it the best in the group. Following closely behind was the T-34. However, other Panzer III variants could only ford an 80 cm water obstacle, while the US and British tanks were better at 100 – 102 cm. The M3 had a clear advantage in dealing with gradients (60 degrees compared to 30 degree capability of the Pz.Kpfw. III and the Crusader and 35 degrees for the T-34).

Panzer III's hull armor was from 16 to 60 mm thick (or up to 70 mm with the addition of Vorpanzer and Schürzen),

Niemiecki Panzer III posiadał najmniejszą pojemność zbiorników paliwa, wynoszącą 320 l. W porównaniu do czołgów amerykańskiego (771 l) i brytyjskiego (636 l) była to różnica dwukrotna. Również większą ilość paliwa zabierał pojazd rosyjski (594 l). Zasięg tego ostatniego wynosił ok. 300 km przy jeździe po drodze i ok. 250 km w terenie. Podobne osiągi pod tym względem posiadał Crusader (300 km po drodze i do 200 km w terenie). Najgorzej wypadał czołg niemiecki (165 km na drodze i 95 km w terenie) – lepszy był od niego nawet amerykański M3, który mógł pokonać odległość 190 km po drodze.

Pod względem forsowania przeszkód terenowych, czołgi niemieckie nie odstawały zanadto ani na plus ani na minus od innych omawianych konstrukcji. Panzer III i M3 posiadały podobną możliwość pokonywania ścian (60-61 cm), nieco lepszy był pojazd brytyjski (68 cm), zaś najlepiej wypadał T-34 (73 cm). Podobna sytuacja występowała jeśli chodzi o przekraczanie rowów – zarówno w przypadku czołgu niemieckiego jak i amerykańskiego ich szerokość mogła wynosić ok. 229-230 cm. Ponownie przewagę uzyskiwały pojazdy brytyjski (260 cm) i rosyjski (250 cm). Panzer III w wersji Ausf. M mógł pokonywać brody dochodzące do 160 cm głębokości, co stawiało go na pierwszym miejscu. Zaraz za nim znajdował się rosyjski T-34. Jednakże w przypadku pozostałych wersji „trójki" głębokość brodów, które były w stanie przebrnąć to 80 cm - analogiczne wielkości w pojeździe brytyjskim i amerykańskim wynosiły 100-102 cm. Przewaga M3 przejawiała się w przypadku wzniesień (60° w stosunku do 30° w Pz.Kpfw. III i Crusadera oraz 35° w T-34).

W Panzer III grubość płyt pancernych wynosiła od 16 do 60 mm dla kadłuba (wraz z Vorpanzer do 70 mm, na bokach dodatkowe „Schürzen") i 10-50 mm wieży, w T-34 – od 20 do 45 mm kadłub i 20-52 mm wieża, zaś w M3 odpowiednio 12,7-50,8 mm oraz 22,5-50,8 mm. Najsłabsze opancerzenie

while turret armor was 10 – 50 mm thick. The T-34 had 20 – 45 mm of armor on the hull and 20 – 52 mm around the turret, while the M3 featured 12.7 mm – 50.8 mm hull armor and 22.5 to 50.8 mm armor protection around the turret. The British Crusader's armor was the thinnest of all four: 9 – 32 mm hull, 9.53 – 30 mm turret, plus 49 mm around the gun mantlet.

Another aspect that should be mentioned here is the shape of armor on each vehicle. As mentioned earlier, the M3 had a boxy design and the most prominent silhouette with most of the armor plates installed vertically or with a very gentle slope. This design feature necessitated the use of thicker armor plates. The German tank wasn't in fact much different in that respect. The other two vehicles featured armor plates of a much greater slope, which meant they didn't need to be that thick. The resultant savings in weight could then be used elsewhere.

Pz.Kpfw. III Ausf. H and J (as well as some of the F and G models) were fitted with the 50 mm main gun with a supply of 99 rounds of ammunition. AP shells could penetrate 43 mm armor at 500 m and 32 mm armor at 1,000 m, which means the tank could deal with Crusader's turret armor at both distances (except the armor protecting the gun mantle). Things looked more difficult in the case of the T-34 and M3, which the Panzer could effectively engage at distances below

spośród omawianych maszyn posiadał czołg brytyjski (9-32 mm kadłub, 9,53-30 mm wieża, osłona armaty 49 mm).

Zwrócić należy uwagę na jeszcze jedną kwestię, a mianowicie kształt opancerzenia. Jak już wspomniano, M3 posiadał pudełkowatą konstrukcję i zarazem największą sylwetkę, w której większość płyt pancernych była pionowa lub miała tylko niewielkie nachylenie. To z kolei sprawiało, że musiał mieć grubsze opancerzenie. Podobnie zresztą było w przypadku czołgu niemieckiego. Pozostałe pojazdy miały bardziej nachylone płyty pancerne, dzięki czemu nie musiały być one aż tak grube, zaś zaoszczędzone na mniejszej masie kilogramy mogły być wykorzystane w inny sposób.

Pz.Kpfw. III Ausf. H i J (także część przezbrajanych czołgów Ausf. F i G) uzbrojone były w armaty kal. 50 mm (zapas 99 pocisków). Pocisk przeciwpancerny przebijał pancerz o grubości 43 mm z odległości 500 m i 32 mm z 1000 m, co oznacza, że na obydwóch dystansach dobrze radził sobie z pancerzem przednim kadłuba i wieży Crusadera (nie licząc osłony armaty), gorzej natomiast wypadał w przypadku napotkania M3 i T-34, które mógł zwalczyć w odległości poniżej 500 m. Znacznie lepiej wypadał pocisk podkalibrowy, który przebijał pancerz 55-milimetrowy z odległości 500 m i 28 mm z 1000 m.

W niemieckich „trójkach" wersji Ausf. L i Ausf. M zamontowano armatę kal. 50 mm, ale innego typu i o dłuższej lufie. Stosowane w niej pociski przeciwpancerne przebijały pancerz

The commander of II. Battalion Major Franz Bäke (in the center), II. Battalion adjutant Leutnant Lappe (to the left), and the commander of II. Battalion's staff company Oberleutnant Herbert (to the right) of 11. Panzer-Regiment, 6. Panzer-Division in front of Pz.Kpfw. III Ausf. M. visible in the front armor plate are letters "Op", which refer to the name of 11. Panzer-Regiment's commander Obst. Oppeln von Bronikowski. Kursk area, July 1943.

Dowódca II batalionu major Franz Bäke (w środku), adiutant II batalionu podporucznik Lappe (z lewej), dowódca kompanii sztabowej II batalionu porucznik Herbert (z prawej) z 11. ppanc 6. DPanc. przed czołgiem Pz.Kpfw. III Ausf. M. Na przedniej płycie widoczne litery „Op" – od nazwiska dowódcy 11. ppanc pułkownika Oppeln von Bronikowskiego. Kursk, lipiec 1943 roku.[via Robert Wróblewski]

This photograph was taken immediately before the Battle of Kursk. In the foreground Pz.Kpfw. III Ausf. M coded "621", next in line is Pz.Kpfw. III Flamm (flame thrower) coded "852", Pz.Kpfw. IV coded "833" and Tiger I coded "131". Panzer regiment had 14 Pz.Kpfw. III Flamm tanks which served along Pz.Kpfw. IV in 8th company. The Tiger is a vehicle from 1./sPofAbt 503, which supported the 6. Panzer-Division in the initial phase of the Battle of Kursk.

To zdjêcie wykonano bezpoœrednio przed bitwą pod Kurskiem. Na pierwszym planie Pz.Kpfw. III Ausf. M numer 621, nastêpnie Pz.Kpfw. III Flamm (miotacz ognia) numer 852, Pz IV numer 833 i Tygrys numer 131. Pułk pancerny dywizji dysponował 14 miotaczami ognia Pz.Kpfw. III, które włączone zostały do 8. kompanii obok czołgów Pz IV. Tygrys to pojazd z 1. kompanii 503. bczc, która w początkowym okresie bitwy pod Kurskiem wspierała 6. DPanc.. Kursk, lipiec 1943 roku. [via Robert Wróblewski]

500 m. The ACPR shells had a much better performance: at 500 m they could penetrate 55 mm armor and a 28 mm plate at 1,000 m.

Ausf. L and M models were also armed with the 50 mm gun, but with a longer barrel. Fired from that gun AP rounds could penetrate 59 mm armor at 500 m and 47 mm at 1,000 m. ACPR rounds could deal with 70 – 72 mm of armor at 500 m and 38 – 42 mm at 1,000 m. Panzer III could therefore deal with the other three tanks at 500 m and, albeit with some difficulty, at longer ranges as well.

Panzer III Ausf. N was armed with a short-barreled 75 mm main gun. A standard 75 mm AP round fired from that weapon could penetrate 41 mm of armor at 500 m and 38 mm at 1,000 m. Using that gun, Panzer III couldn't therefore defeat front armor on both the T-34 and the M3, but it was quite effective against the Crusader. To improve the gun's lethality, HEAT rounds were introduced, which could penetrate 70 – 100 mm of armor at both 500 and 1,000 m.

By comparison, the British tank was equipped with a 40 mm main gun, firing AP rounds that could penetrate 37 mm armor at 914 m and 47 mm plates at 457 m. The Crusader, at least on paper, didn't pose a major threat to the German Panzer. In the case of the Soviet T-34 things looked a bit more bleak for the German vehicle. The 76.2 mm gun fired projectiles capable of penetrating 70 mm armor at 500 m or 60 mm at 1,000 m. Combined with its armor, the Russian tank was a dangerous adversary to German Panzer crews.

American M3 tank was armed with a 75 mm gun in addition to a 37 mm weapon. The main 75 mm gun could fire rounds capable of penetrating 60 – 76 mm armor at 450 m. Despite its good penetration performance, the hull-mounted gun was limited in its arc of fire, which seriously degraded its combat effectiveness. The M3's 37 mm gun fired AP rounds capable of penetrating 46 – 60 mm armor at 450 m, or 25 mm at 914 m – not nearly as effective as the tank's main 75 mm gun.

The above shows that the Panzer III was on par with its adversaries in terms of armor protection and armament.

o grubości 59 mm z odległości 500 m i 47 mm z 1000 m, zaś podkalibrowe - pancerz grubości 70-72 mm z odległości 500 m i 38-42 mm z 1000 m. Tak więc wszystkie te rodzaje pocisków radziły sobie z opancerzeniem czołgów na bezpośredniej odległości 500 m, nieco gorzej na dalszych, ale w dalszym ciągu były w stanie przebić pancerz większości z nich.

Wreszcie ostatnim rodzajem uzbrojenia Panzera III, tym razem wersji Ausf. N, była krótkolufowa armata kal. 75 mm. Jej standardowy pocisk przeciwpancerny zwalczał pojazdy pokryte pancerzem grubości 41 mm z odległości 500 m i 38 mm z 1000 m. Jak widać, na bezpośrednim dystansie nie mógł przebić przednich płyt pancernych zarówno T-34 jak i M3, bez problemu dawał sobie natomiast radę z Crusaderem. W związku ze słabymi właściwościami, wprowadzono więc pociski kumulacyjne, które mogły przebić pancerz grubości od 70 mm do 100 mm z dystansu zarówno 500 m jak i 1000 m.

Dla porównania, czołg brytyjski posiadał armatę kal. 40 mm, której pocisk przeciwpancerny przebijał płytę pancerną grubości 37 mm z odległości 914 m i 47 z 457 m. Nominalnie więc nie stanowił większego zagrożenia dla pojazdu niemieckiego. Inaczej wyglądała sprawa z rosyjskim T-34. Jego armata kal. 76,2 mm strzelała pociskami mogącymi przebić 70-milimetrowy pancerz z dystansu 500 m i 60-milimetrowy z 1000 m. W połączeniu ze swoim opancerzeniem stanowił więc duże zagrożenie dla maszyn niemieckich.

Amerykański M3 z kolei dysponował jedną armatą kal. 75 mm oraz jedną kal. 37 mm. Jeśli chodzi o tę pierwszą, jej pociski przeciwpancerne mogły zwalczać cele z pancerzem grubości od 60 mm do 76 mm na dystansie 450 m. Pomimo dobrej skuteczności, jej podstawową wadą było zamontowanie jej w kadłubie, przez co nie miała możliwości pełnego obrotu. W przypadku drugiego rodzaju uzbrojenia - armaty kal. 37 mm, jej pociski przeciwpancerne mogły przebijać z odległości 457 m płyty pancerne grubości 46-60 mm, zaś z 914 m - ok. 25 mm. Nie była więc aż tak skuteczna, jak „siedemdziesiątka piątka".

However, the main difference was the number of vehicles in service with each of the armed forces. Third Reich manufacturers delivered the following numbers of various Panzer III iterations armed with 50 and 75 mm guns: Ausf. H – 286 tanks, Ausf. J – 1,602 machines, Ausf. L – 1,470 examples, Ausf. M – 250 vehicles and Ausf. N – 614 tanks, or 4,222 in total. Including the Ausf. F and Ausf. G models re-armed with 50 mm guns (some 100 and 550 vehicles, respectively), the grand total stood at 4,872.

By comparison, the US Army fielded no fewer than 4,924 examples of the M3 tank alone. In truth, there were fewer Crusader IIs than German Panzer IIIs (2,177) and even T-34 model 1941 was represented by only 2,996 vehicles (never mind that a total of some 33,929 T-34s were eventually produced), but one needs to remember that German tanks were serving on two fronts simultaneously – in North Africa and in the East.

Finally, one of the most interesting puzzles is the coexistence in German Panzerwaffe of the Pz.Kpfw. III and Pz.Kpfw. IV – two medium tanks, which shortly after the outbreak of the war were practically cancelling each other out in terms of tactical performance. With the benefit of hindsight, it probably would have been better to concentrate on the development and production of a single type, with the Panzer IV probably offering a much greater potential for modernization and upgrades. In another scenario, the tanks could have been manufactured in two versions: armed with a 50 mm or 75 mm gun. It's quite likely that the idea to develop both types simultaneously was championed by German arms manufacturers looking to maximize their profits from government contracts.

Z powyższych rozważań wynika, że Panzerkampfwagen III nie ustępował czołgom przeciwnika pod względem uzbrojenia, ani opancerzenia. Różnica widoczna była jednakże w innej sferze, a mianowicie w ilości pojazdów znajdujących się w armiach poszczególnych państw. Zakłady produkcyjne III Rzeszy wyprodukowały następujące ilości Pz.Kpfw. III z armatami kal. 50 i 75 mm: Ausf. H – 286 sztuk, Ausf. J – 1602 maszyny, Ausf. L – 1470 czołgów, Ausf. M – 250 czołgów i Ausf. N – 614 pojazdów, czyli ogółem 4222 „trójki". Razem z przezbrojonymi Ausf. F i Ausf. G (ok. 100 i 550 sztuk), dawało to w sumie 4872 czołgi.

Dla porównania, w armii Stanów Zjednoczonych znajdowało się 4924 samych tylko M3. W mniejszej liczbie produkowany był wprawdzie Crusader II – 2177 sztuk oraz T-34 model 1941 - 2996 wozów (przy czym ogólna liczba wyprodukowanych T-34 wszystkich wersji wyniosła ok. 33929 maszyn), ale należy pamiętać, że czołgi niemieckie rozrzucone były na dwa fronty – afrykański i wschodni.

Kończąc, najbardziej zastanawia fenomen współistnienia obok siebie w niemieckiej armii Pz.Kpfw. III i Pz.Kpfw. IV - czyli czołgów średnich, które wkrótce po wybuchu wojny w zasadzie dublowały się pod względem taktycznym. Z perspektywy czasu wydaje się, że dla strony niemieckiej lepiej byłoby prowadzić produkcję jednego typu wozu bojowego, przy czym najbardziej optymalnym byłby wybór tego drugiego typu, gdyż, z uwagi na swoją wielkość, lepiej nadawał się do potencjalnego przezbrojenia. Ewentualnie można było wytwarzać zarówno wersje z armatą kal. 75 mm, jak i 50 mm. Wydaje się, że za dublowaniem produkcji wspomnianych czołgów mogły stać niemieckie koncerny zbrojeniowe, którym zależało na kolejnych zamówieniach generujących poważne przychody.

Pz.Kpfw. III Ausf. M coded "421" of 15. Panzer-Regiment, followed by Pz.Kpfw. III Ausf. J. During the Battle of Kursk 15. Panzer-Regiment used red-colored tactical codes.

Pz.Kpfw. III M o numerze 421 z 15. ppanc, za nim posuwa siê Pz.Kpfw. III Ausf. J. Czołgi 15. ppanc używały w tym czasie czerwonych numerów taktycznych. Kursk, lipiec 1943 roku. [via Robert Wróblewski]

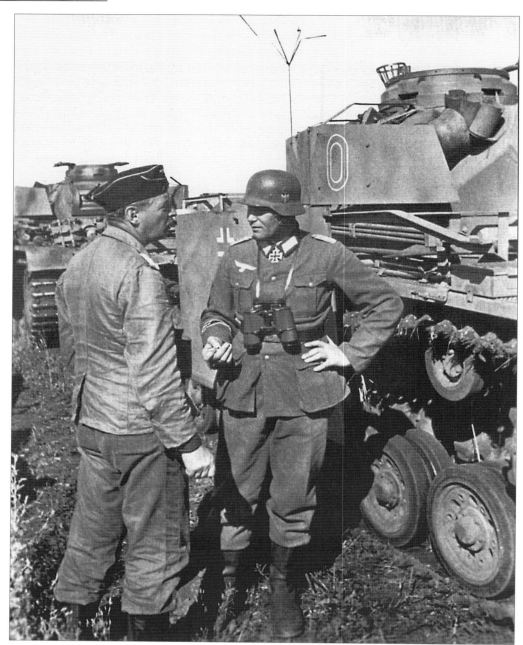

Pz.Kpfw. III Ausf. M coded "0" of Obst. Graf von Strachwitz, the commander of Panzer-Regiment "Großdeutschland" (to the left). Kursk area, July 1943.

Pz.Kpfw. III Ausf. M numer 0 dowódcy ppanc „Grossdeutschland" pułkownika Grafa von Strachwitza (z lewej). Kursk, lipiec 1943 roku. [via Robert Wróblewski]

Column of tanks from 27. Panzer-Regiment, 19. Panzer-Division. In the foreground Pz.Kpfw. III Ausf. M coded "113". Kursk area, July 1943.

Kolumna czołgów 27. ppanc 19. DPanc. Na pierwszym planie Pz.Kpfw. III Ausf. M numer 113. Kursk, lipiec 1943 roku. [via Robert Wróblewski]

Group of tanks of "Großdeutschland" Division. In the foreground Pz.Kpfw. IV F1, to the right Pz.Kpfw. III Ausf. M. Kursk area, July 1943.
Grupa czołgów dywizji „Grossdeutschland". Na pierwszym planie Pz.Kpfw. IV F1, z prawej Pz.Kpfw. III Ausf. M. Kursk, lipiec 1943 roku. [via Robert Wróblewski]

Pz.Kpfw. III Ausf. H: armor arrangement. [Drawn by M. Kuchciak]
Schemat opancerzenia Pz.Kpfw. III Ausf. H. [Rysował M. Kuchciak]

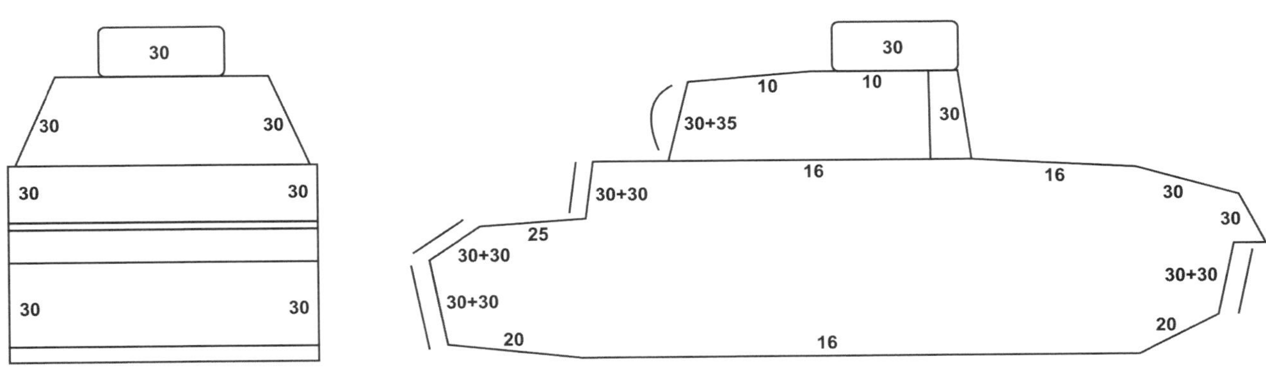

Pz.Kpfw. III Ausf. J/L/M: armor arrangement (including Vorpanzer). [Drawn by M. Kuchciak]
Schemat opancerzenia Pz.Kpfw. III Ausf. J/L/M (wraz z Vorpanzer). [Rysował M. Kuchciak]

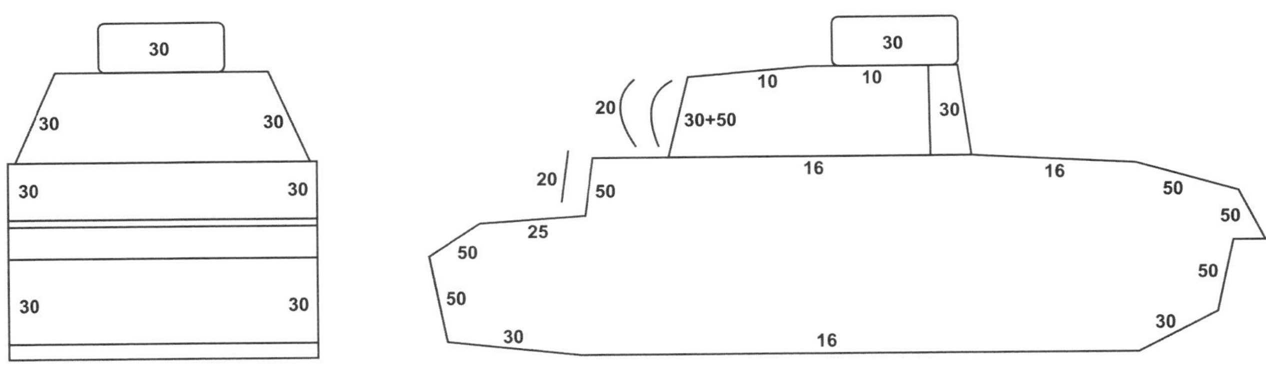

Tab. 5. Tactical and technical characteristics of the Pz.Kpfw III					
	Pz.Kpfw. III Ausf. H	Pz.Kpfw. III Ausf. J	Pz.Kpfw. III Ausf. L	Pz.Kpfw. III Ausf. M	Pz.Kpfw. III Ausf. N
Crew:	5	5	5	5	5
Weight:	21.5 t	21.6 t	22.5 t	22.5 t	23 t
Dimensions:					
- length	5.38 m	5.49 m	6.16 m	6.41 m	5.49-5.73 m
- width	2.95 m	2.95 m	2.95 m	2.95 m	2.95 m
- height	2.50 m	2.50 m	2.50 m	2.50 m	2.50 m
Clearance:	0.38 m	0.38 m	0.38 m	0.38 m	0.38 m
Engine:	Maybach HL 120TRM	Maybach HL 120TRM	Maybach HL 120TRM	Maybach HL 120TRM	Maybach HL 120TRM
Power output:	285 hp at 2,800 rpm.	285 hp at 2,800 rpm.	285 hp at 2,800 rpm.	285 hp at 2,800 rpm.	285 hp at 2,800 rpm.
Speed:					
- road	up to 40 km/h	up to 40 km/h	up to 40 km/h	up to 40 km/h	up to 40 km/h
- off-road	up to 15 km/h	up to 15 km/h	up to 15 km/h	up to 15 km/h	up to 15 km/h
Range:					
- road	up to 165 km	up to 165 km	up to 165 km	up to 165 km	up to 165 km
- off-road	up to 95 km	up to 95 km	up to 95 km	up to 95 km	up to 95 km
Fuel capacity:	320 dm^3	320 dm^3	320 dm^3	320 dm^3	320 dm^3
Armament:					
- main gun	5 cm KwK L/42	5 cm KwK L/42	5 cm KwK 39 L/60	5 cm KwK 39 L/60	7.5 cm KwK 37 L/24
- machine guns	2x MG 34	2x MG 34	2x MG 34	2x MG 34	2x MG 34
Ammunition supply:					
- main gun	99	99	84	84	64
- machine gun	3,750	3,750	3,750	3,750	3,750
Armor:					
- hull	16-60 mm	16-50 mm	16-50 (70) mm	16-50 (70) mm	16-50 (70) mm
- turret	10-35 mm	10-50 mm	10-50 mm	10-50 mm	10-50 mm
Track width:	400 mm	400 mm	400 mm	400 mm	400 mm
Number of track links:	93	93	93	93	93
Terrain obstacles:					
- gradient	30°	30°	30°	30°	30°
- fording	80 cm	80 cm	80 cm	160 cm	80-160 cm
- trench	2.30 m	2.30 m	2.30 m	2.30 m	2.30 m
- vertical obstacles	60 cm	60 cm	60 cm	60 cm	60 cm

Source: T. Jentz, H. Doyle, *Panzerkampfwagen III Ausf. E, F, G, und H development and production from 1938 to 1941*, Boyds 2007; T. Jentz, H. Doyle, *Panzerkampfwagen III Ausf. J, L, M, und N development and production from 1941 to 1943*, Boyds 2009.

Tab. 5. Dane taktyczno-techniczne czołgów Pz.Kpfw. III					
	Pz.Kpfw. III Ausf. H	Pz.Kpfw. III Ausf. J	Pz.Kpfw. III Ausf. L	Pz.Kpfw. III Ausf. M	Pz.Kpfw. III Ausf. N
Załoga:	5	5	5	5	5
Masa:	21,5 t	21,6 t	22,5 t	22,5 t	23 t
Wymiary:					
- długość	5,38 m	5,49 m	6,16 m	6,41 m	5,49-5,73 m
- szerokość	2,95 m	2,95 m	2,95 m	2,95 m	2,95 m
- wysokość	2,50 m	2,50 m	2,50 m	2,50 m	2,50 m
Prześwit:	0,38 m	0,38 m	0,38 m	0,38 m	0,38 m
Silnik:	Maybach HL 120TRM	Maybach HL 120TRM	Maybach HL 120TRM	Maybach HL 120TRM	Maybach HL 120TRM
Moc silnika:	285 KM przy 2800 obr./ min.	285 KM przy 2800 obr./ min.	285 KM przy 2800 obr./ min.	285 KM przy 2800 obr./ min.	285 KM przy 2800 obr./ min.
Prędkość:					
- droga	do 40 km/h	do 40 km/h	do 40 km/h	do 40 km/h	do 40 km/h
- teren	do 15 km/h	do 15 km/h	do 15 km/h	do 15 km/h	do 15 km/h
Zasięg:					
- droga	do 165 km	do 165 km	do 165 km	do 165 km	do 165 km
- teren	do 95 km	do 95 km	do 95 km	do 95 km	do 95 km
Pojemność zbiorników paliwa:	320 dm3	320 dm3	320 dm3	320 dm3	320 dm3
Uzbrojenie:					
- armata	5 cm KwK L/42	5 cm KwK L/42	5 cm KwK 39 L/60	5 cm KwK 39 L/60	7,5 cm KwK 37 L/24
- karabiny	2x MG 34	2x MG 34	2x MG 34	2x MG 34	2x MG 34
Zapas amunicji:					
- armata	99	99	84	84	64
- karabin	3750	3750	3750	3750	3750
Pancerz:					
- kadłub	16-60 mm	16-50 mm	16-50 (70) mm	16-50 (70) mm	16-50 (70) mm
- wieża	10-35 mm	10-50 mm	10-50 mm	10-50 mm	10-50 mm
Szerokość gąsienicy:	400 mm	400 mm	400 mm	400 mm	400 mm
Ilość ogniw gąsienicy:	93	93	93	93	93
Zdolność pokonywania przeszkód:					
- wzniesienia	30°	30°	30°	30°	30°
- brody	80 cm	80 cm	80 cm	160 cm	80-160 cm
- rowy	2,30 m	2,30 m	2,30 m	2,30 m	2,30 m
- ściany	60 cm	60 cm	60 cm	60 cm	60 cm

Źródło: T. Jentz, H. Doyle, *Panzerkampfwagen III Ausf. E, F, G, und H development and production from 1938 to 1941*, Boyds 2007; T. Jentz, H. Doyle, *Panzerkampfwagen III Ausf. J, L, M, und N development and production from 1941 to 1943*, Boyds 2009.

SELECTED BIBLIOGRAPHY

Bariatinskij Michaił, *T-34*, Warszawa 2007.

Chamberlain Peter, Doyle Hilary, *Encyclopaedia Of German Tanks Of World War Two: The Complete Illustrated Directory of German Battle Tanks, Armoured Cars, Self-propelled Guns and Semi-tracked Vehicles, 1933-45*, bmw 1999.

Fleischer Wolfgang, *Die Deutschen Kampfwagen Kanonen 1935-1945*, Wölfersheim-Berstadt 1996.

Fleischer Wolfgang, *Panzerkampfwagen III. Der Panzer der Blitzkriege*, Wölfersheim-Berstadt 2001.

Gawrych Wojciech, *M3 Lee Grant*, Warszawa 2000.

Jentz Thomas, Doyle Hilary, *Panzerkampfwagen III Ausf. A, B, C, und D development and production from 1934 to 1938 plus Leichttraktor and Krupp's M.K.A.*, Boyds 2006.

Jentz Thomas, Doyle Hilary, *Panzerkampfwagen III Ausf. E, F, G, und H development and production from 1938 to 1941*, Boyds 2007.

Jentz Thomas, Doyle Hilary, *Panzerkampfwagen III Ausf. J, L, M, und N development and production from 1941 to 1943*, Boyds 2009.

Jentz Thomas, *Panzertruppen. The Complete Guide to the Creation & Combat Employment of Germany's Tank Force 1933-1942*, Atglen 1996.

Jentz Thomas, *Panzertruppen. The Complete Guide to the Creation & Combat Employment of Germany's Tank Force 1943-1945*, Atglen 1996.

Lalak Zbigniew, *Crusader. Bohater z przypadku*, „Technika Wojskowa Historia" 2010 nr 5.

Perrett Brian, *Panzerkampfwagen III Medium Tank 1936-1944*, Oxford 1999.

Rottman Gordon, *M3 Medium Tank vs Panzer III. Kasserine Pass 1943*, Oxford 2008.

Scheibert Horst, *Kampfpanzer III. Ausführung-Befehlswagen-Abarten*, Friedberg 1990.

Spielberger Walter, *Panzer III & Its Variants*, Atglen 2007.

WYBRANA BIBLIOGRAFIA

Bariatinskij Michaił, *T-34*, Warszawa 2007.

Chamberlain Peter, Doyle Hilary, *Encyclopaedia Of German Tanks Of World War Two: The Complete Illustrated Directory of German Battle Tanks, Armoured Cars, Self-propelled Guns and Semi-tracked Vehicles, 1933-45*, bmw 1999.

Fleischer Wolfgang, *Die Deutschen Kampfwagen Kanonen 1935-1945*, Wölfersheim-Berstadt 1996.

Fleischer Wolfgang, *Panzerkampfwagen III. Der Panzer der Blitzkriege*, Wölfersheim-Berstadt 2001.

Gawrych Wojciech, *M3 Lee Grant*, Warszawa 2000.

Jentz Thomas, Doyle Hilary, *Panzerkampfwagen III Ausf. A, B, C, und D development and production from 1934 to 1938 plus Leichttraktor and Krupp's M.K.A.*, Boyds 2006.

Jentz Thomas, Doyle Hilary, *Panzerkampfwagen III Ausf. E, F, G, und H development and production from 1938 to 1941*, Boyds 2007.

Jentz Thomas, Doyle Hilary, *Panzerkampfwagen III Ausf. J, L, M, und N development and production from 1941 to 1943*, Boyds 2009.

Jentz Thomas, *Panzertruppen. The Complete Guide to the Creation & Combat Employment of Germany's Tank Force 1933-1942*, Atglen 1996.

Jentz Thomas, *Panzertruppen. The Complete Guide to the Creation & Combat Employment of Germany's Tank Force 1943-1945*, Atglen 1996.

Lalak Zbigniew, *Crusader. Bohater z przypadku*, „Technika Wojskowa Historia" 2010 nr 5.

Perrett Brian, *Panzerkampfwagen III Medium Tank 1936-1944*, Oxford 1999.

Rottman Gordon, *M3 Medium Tank vs Panzer III. Kasserine Pass 1943*, Oxford 2008.

Scheibert Horst, *Kampfpanzer III. Ausführung-Befehlswagen-Abarten*, Friedberg 1990.

Spielberger Walter, *Panzer III & Its Variants*, Atglen 2007.

Tanks of Hptm. Müller's 4th company, 21. Panzer-Regiment, 20. Panzer-Division. As evidenced on this photo, the unit was mainly equipped with Pz.Kpfw. IV tanks. Seen in this photo is one of the few Pz.Kpfw. III Ausf. M. Kursk area, July 1943.

Czołgi 4. kompanii kapitana Müllera z 21. bpanc 20. DPanc. Jak widać, podstawowym wyposażeniem tej jednostki były czołgi Pz.Kpfw. IV. Na zdjęciu widoczny jest jeden z nielicznych Pz.Kpfw. III M. Kursk, lipiec 1943 roku.[via Robert Wróblewski]

We recommend our books

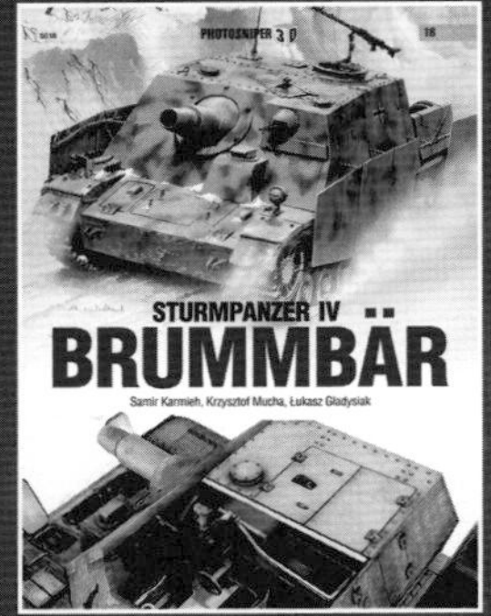

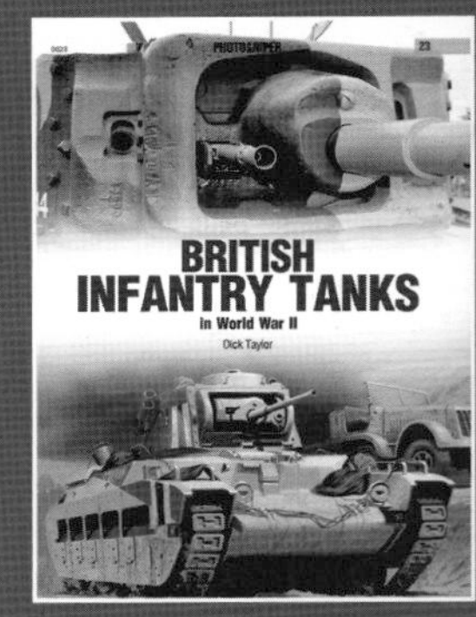

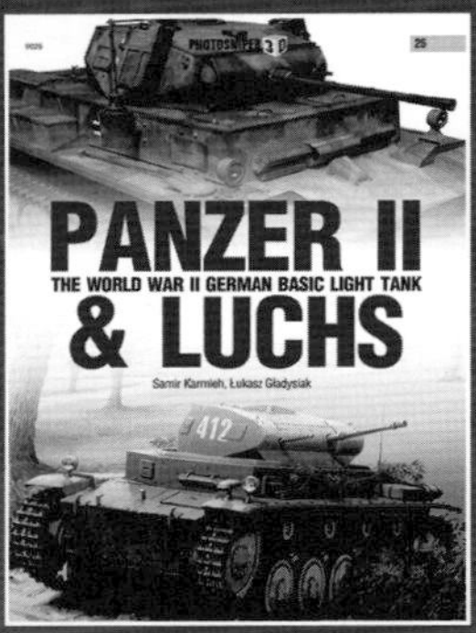

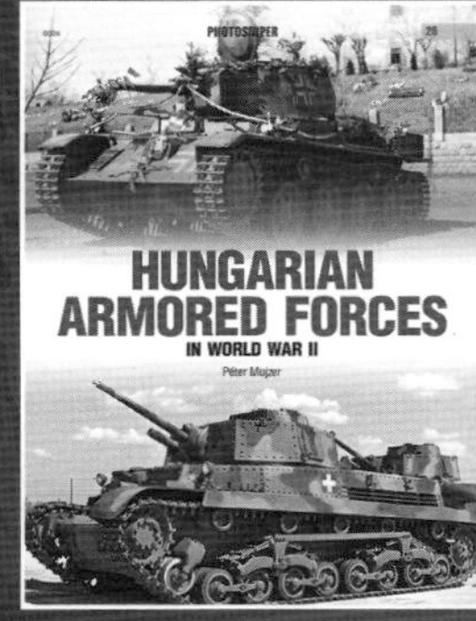

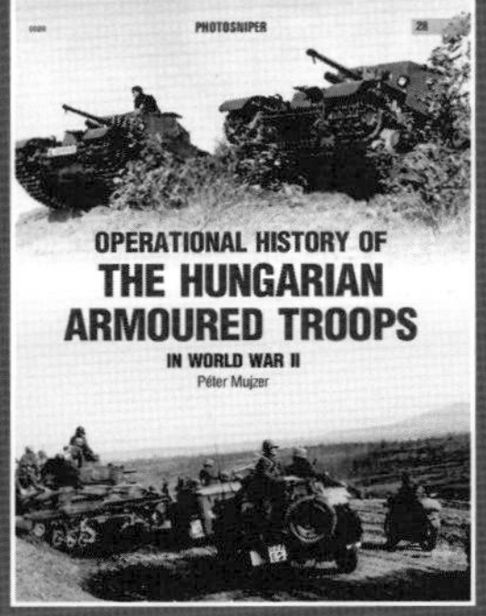

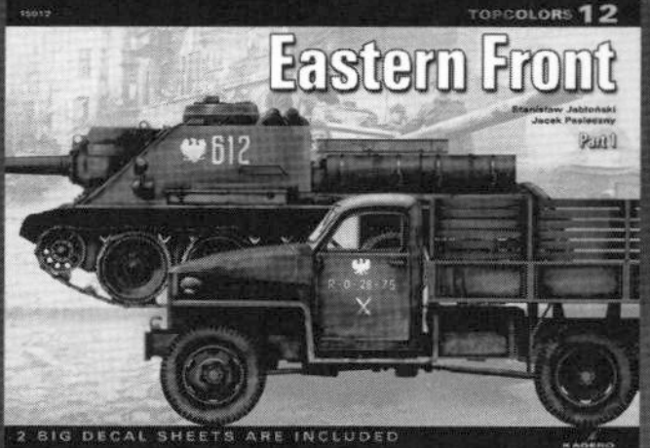

Visit our pages: **SHOP.KAGERO.PL**
KAGERO.EU